# 令和の胎動

天皇代替わり報道の記録

共同通信取材班

共同通信社

## はじめに

手を握り、時にはひざまずいて辛苦を味わった人々をねぎらい、励ます。そんな令和の天皇、皇后両陛下の姿はこれからもしばらく見られなくなるかもしれない。新型コロナウイルスの猛威が世界を覆っている。人との接触を避ける新たな生活様式が奨励される中、「国民と苦楽を共にする」という平成から引き継がれた象徴天皇の礎は、歩み始めて1年弱でいきなり試練に直面している。

外出がままならない中、両陛下が久しぶりに国民の前に姿を見せられたのは、戦後75年の今年8月15日の戦没者追悼式だ。陛下は、コロナ感染拡大を「苦難」と強調し「困難な状況を乗り越え、今後とも、人々の幸せと平和を希求し続けていくことを心から願う」とあいさつした。コロナ禍を人類が立ち向かうべき厄災とし、戦争の惨禍と重ねて平和を願う異例の訴えだった。収束が見えない脅威と向き合い、国民とどう触れ合うのか。新憲法下で即位した2代目の象徴が、「離れて寄り添う」新たな象徴像を模索することになる。

本書は、天皇代替わり・改元に伴う、政府や皇室、宮内庁の動きを追い、多角的に描いた共同通信取材班の集大成だ。書名の「令和の胎動」には、平成の時から始まっていた新時代への模索や、令和が始まってからも新たな天皇、皇后像を手探りし続ける両陛下への思いを込めた。

胎動は、皇居の奥深くで10年以上前から始まっていた。76歳だった在位中の上皇さまは2010（平成22）年7月、住まいの皇居・吹上御所に側近ら相談役を集めて「譲位（退位）

したい」と胸の内を明かした。病を抱え、年々思うように体が動かなくなる。象徴の務めをこれからも果たすことができるのか。元側近は「(当時の上皇さまは)平成30年で退くか、80歳で退位するのが一区切りと考えていた。退位はその何年も前から考え抜いた結論だった」と振り返る。象徴を紡ぐ思いは、陛下や秋篠宮さまに、継がれていくことになる。

本書は、配信記事と新たな書き下ろしの3部構成となっている。1部は、平成の終焉《しゅうえん》から令和への歩みをたどり、陛下や上皇さまの胸中を描いた。在位中の上皇さまが実は退位の恒久制度化を望んでいたとの学友の証言や、退位を巡る政府と宮内庁との水面下の確執を描いた。2部は、改元の舞台裏を探った。隠れたエピソードを盛り込み「秘中の秘」とされる作業を検証、幻の元号案や政府の黒子役に迫った。新元号「令和」を官房長官として発表した菅義偉首相や令和考案者とされる中西進氏のインタビューも取り込んだ。3部は、令和の両陛下の素顔に焦点を当てた。誠実で謙虚な陛下の一面や、長期療養中の皇后さまを支える夫としての苦悩に触れた。即位後は難しくなっている登山を楽しむ、幼少期からの姿を豊富な写真で紹介した。

「象徴は、国民の信頼と理解がなければ成り立たない」。陛下と上皇さまに通底する思いだ。象徴の在り方に答えはない。時代をつくる主役は私たちだ。本書が、日本の将来を考え、象徴を見詰める契機になれば幸いだ。

2020(令和2)年9月

共同通信元社会部担当部長(現さいたま支局長)三井潔

写真　共同通信社
装丁　池田紀久江

天皇代替わり報道の記録
令和の胎動

# 目次

＊２０１９年４月30日までの記事中の「天皇陛下」は現上皇さまで、「皇后さま」は現上皇后美智子さま。代替わり後の19年５月１日以降の「天皇陛下」は現天皇陛下、「皇后さま」は現皇后さま。

# 第1部

# 平成から令和へ

## 「天皇退位」実現までの3年間

２０１９年5月、日本の近代史上初となる「退位による天皇の代替わり」がなされた。16年に「天皇陛下退位の意向」が明らかになってから、そこに至るまでの道のりを今振り返ってみれば、長かったようでもあり、またあっという間のことだったようにも思える。

天皇逝去による代替わりと異なり、まず必要となったのは、新たな法を整備することだった。平成の天皇陛下は国民へのビデオメッセージで、高齢により自身の活動が十分にできなくなることへの不安に加え、退位の意向をもおぼろげに示したものの、憲法上の制約などから、はっきりとその意向を口にはしなかった。

だが、陛下のお気持ちを無視するわけにはいかない。そんな中で政府には、「必要最小限の議論」と「最大限のスピード」をもって、その歴史的瞬間を現実のものにすることが求められた。日本国憲法において、天皇の地位は「国民の総意に基づく」と規定されている。その「総意」をいかに形作り、国民全体の意思とするか。政府が取った方策は「有識者会議による議論」「衆参両院議長による、国民の代表である与野党議員の意見取りまとめ」「退位特例法制定」という段取りだった。（文中の肩書は記事配信当時）

# 第1章「終わりの始まり」

## 幕開け ――生前退位のご意向報道

国民がそれを知ったのは2016年7月13日午後7時だった。NHKがトップニュースとして「天皇陛下が生前退位の意向を宮内庁の関係者に示されている」と報じたのだ。報道各社が受けた衝撃は計り知れないものがあった。

天皇とは、生涯の終わりまで天皇である――。それはその時点ではほとんどの日本人が全く疑うことのなかったことだ。

その常識が打ち破られた夜、東京・汐留にある共同通信社には全国の加盟社から問い合わせが殺到した。「本当なのか」「すぐに辞めるのか」「記者会見はいつなのか」

報道各社は裏取りに走った。担当記者が宮内庁に詰め掛け、山本信一郎次長をつかまえて質問を投げ掛けた。「報道は事実なのか」。答えは完全否定だった。風岡典之宮内庁長官も取材に応じたが、話は同様だった。「陛下のそのようなお気持ちは聞いたこともない」

そんな状況の中で、政権中枢にいる人物が、NHK報道を事実として認めた。情報が錯綜《さくそう》する混乱状態ではあったが、事が重大すぎる。政権中枢の証言と態度を根拠として、共同通信はすぐに速報を打ち、記事を配信した。長い報道合戦と多岐にわたる膨大な取材の幕開けだった。

2016年7月13日配信

# 天皇陛下が生前退位の意向

## 82歳、1年以上前から示す　健康問題はなし　皇室典範改正が必要

天皇陛下が、皇太子さまに皇位を譲る生前退位の意向を示されていることが13日、政府関係者への取材で分かった。少なくとも1年前から、こうした意向を周囲に示していたというが、今すぐ退位しなければならない健康上の問題があるわけではないとしている。

皇位継承について規定する皇室典範(1)は、4条で「天皇が崩じたときは、皇嗣が、直ちに即位する」と明記。生前退位は定めがなく、実現には法改正が必要になる。

陛下は「象徴としての地位と活動は一体不離」と述べるなど公務を誠実に務めたいとの姿勢を常に示しており、2010年の誕生日会見では「これ以上大きな負担軽減をするつもりはありません」と発言。退位の意向を示した背景には、天皇として行うべき公務が、高齢化という要因で制限されてしまうことへの考慮もあったとみられる。

皇室典範改正は、政府が有識者会議(2)などで議論を進め、結論が出るには数年かかるとみられる。元号法によると、陛下が生前に退位し皇太子さまが即位すると、元号が「平成」から新たな元号に変わる。

13日夜に取材に応じた宮内庁の山本信一郎次長は「そのような事実は一切ない。陛下は制度的なことについては憲法上の立場から話すことを控えてきた。今後も一貫して同じ姿勢」と述べた。風岡典之長官も否定した。

15年12月で82歳になった陛下は国事行為のほか、16年5月に皇后さまと熊本地震の被災地を訪問。太平洋戦争の戦没者を追悼する「慰霊の旅」も続け、1月に訪れたフィリピンでも慰霊碑を訪れるなど、国内外で精力的に公務を続けている。

一方、宮内庁は09年以降、陛下の年齢を考慮し、負担の軽減策を随時実施。16年5月には、15年の1年間で外国賓客との面会などの公務が約270回に上ったことを指摘し、皇居で行政機関の長らと会う機会を減らすことなどを新たに発表していた。秋篠

宮さまが過去の会見で、定年制（3）に触れたこともある。

陛下は03年に前立腺がんの摘出手術を受け、ホルモン治療と運動療法を継続。12年は狭心症で、心臓の冠動脈バイパス手術を受けた。東日本大震災が発生した11年は被災地のお見舞いを重ねた影響などで疲労が蓄積し、気管支肺炎で約3週間入院したこともある。

陛下は1989年1月7日に昭和天皇の逝去で即位した。江戸時代後期の光格天皇以降は約200年にわたり生前の譲位は例がなく、明治時代以降も行われていない。

両陛下は静養のため、11～14日の日程で神奈川県葉山町の葉山御用邸に滞在している。

## 表明

「退位のご意向」は驚天動地のニュースだったが、実は、報道各社の担当記者にとっては、寝耳に水というわけではなかった。象徴天皇としての活動を重視する日頃の陛下の言動からすれば、思うような活動ができなくなったときに天皇の地位から去ろうとすることは、十分に考えられた。ではなぜそれまで書かなかったのか。皇室取材の特殊性として「裏を取る」ことが極めて困難だからだ。

7月13日のNHK報道には、「退位のご意向」の他に「陛下自身が広く内外にお気持ちを表す」というファクト（事実）が含まれていた。表明に向けた宮内庁の準備が進んでいることをつかみ、宮内庁幹部や関係者の確かな感触を得られれば、そのことをもって報道に踏み切ることは可能だ。「お気持ちを表明される」。そのファクトに確信を得た各社が、次々に報道した。では、それはどんな形でいつ行われるのか。そして陛下はなぜ、いつから退位への思いを持つようになったのか。報道の焦点はそうした点に移っていった。

2016年7月14日配信

# 天皇陛下、生前退位の意向　衰えへの危機感、切実に　慰霊訪問終え検討本格化

天皇陛下が生前に皇位を皇太子さまに譲られる意向を持っていることが明らかになった。即位以来、常に象徴天皇のあるべき姿を追い求めてきた陛下。思い切った意向の背景には、確実に進む自身の衰えに対する切実な危機感があったとみられる。

▽緊張

「陛下、陛下、陛下」。着物姿の皇后さまが天皇陛下を呼び止める声が宮殿の一室に響いた。近くにいた皇太子さまや秋篠宮ご夫妻の表情にも緊張が走った。

2016年6月27日、皇居・宮殿で日本学士院賞の受賞者と飲食を共にして懇談した際の一こま。横一列に並んだ学士院の新会員と、少し間を空けて並ぶ受賞者のそれぞれにあいさつをするのが恒例だが、陛下は新会員へのあいさつをしないまま、受賞者の列に歩を進めてしまったのだ。

皇后さまの呼び止めで振り返った陛下は段取りを確認し、あいさつを済ませた。「いつもはもっと人数が多いから。それでこうつい…」と苦笑い。寄り添う皇后さまは「私も忘れてしまって」と気遣いを見せたが、きまりの悪い空気が漂った。

陛下は昨年の誕生日会見で「年齢というものを感じることも多くなり、行事の時に間違えることもありました」と自らの衰えを明かした。

ある宮内庁関係者は語る。「ストイックに象徴としての理想を追い求めてきただけに、じくじたる思いだろう。そういうところから退位の発想も生まれてきたのではないか」

▽タイミング

宮内庁関係者によると、陛下が近しい人々に生前退位の意向を示したのは、公務の負担軽減策の相談をする際などにはよくあったことで、今に始まったことではないという。

今回、具体的な検討が始まったのは16年春ごろからのようだ。ある宮内庁幹部は一連の経緯を「戦後70年の慰霊訪問(4)が続いた時期は、それに力を傾

注していた陛下に、皇室典範の改正について相談できるような雰囲気ではなかった」と説明。

「1月末のフィリピン訪問を終え、ここしかないというタイミングで検討を始めた。陛下の年齢を考えるとタイムリーに進めないといけない」と力説した。

こうした宮内庁側の意向を受ける形で内閣官房に極秘の担当チームが設置され、法整備の検討が進められたという。

▽できぬ介入

「そういう事実はない」。陛下の意向が報じられて一夜明けた14日、宮内庁の風岡典之長官は記者会見でそう語り、陛下による意向の表明自体を否定してみせた。

安倍晋三首相も14日、この件に関してノーコメントを貫いた。政府が「沈黙」を守る背景には複雑な理由がある。陛下の意向をきっかけにして法改正検討が既成事実となれば「天皇陛下による政治介入だ」との指摘が出る恐れがあるためだ。

宮内庁関係者も「陛下が直接的な言い方をしたのを聞いたことはない」と打ち明ける。陛下自身は憲法に従い、皇室典範の改正など、国の制度に関連する発言は控えてきた。それでも「公務を全うできなくなれば象徴としてふさわしくない」との考えを語る陛下に日ごろから触れ、「生前退位も辞さない」との意向はひしひしと感じ取っていたという。

2016年7月15日配信

## 陛下、お気持ちを近く表明へ

象徴のあるべき姿に言及か　宮内庁が形式検討

天皇陛下が、皇太子さまに皇位を譲る生前退位の意向を周囲に示されていることについて、宮内庁は近く、陛下に自ら気持ちを公表してもらう方向で検討していることが15日までに、宮内庁関係者への取材で分かった。陛下は82歳と高齢になる中で、自身が理想とする象徴の在り方を示すとみられる。

政府は、陛下の考えを広く国民に理解してもらうことで初めて、議論をスタートできると判断したためとみられる。本来は12月の誕生日会見を想定していたが、どういう形式がふさわしいか、早急に検討を進めている。

内容を巡っては、陛下が憲法に従い、皇室典範改正など国の制度に関連する発言は一貫して控えていることから、宮内庁関係者は「今後も年齢を重ねる中で、自身が象徴としてどうあるべきかといった考えを示すものになるだろう」とした。

陛下は、これまでも「象徴としての地位と活動は一体不離」と述べるなど、十分に活動ができなくなれば退位も辞さない考えを周囲に漏らしてきた。お気持ちの表明では、こうした従来の発言がベースになる。

陛下の退位を巡る考えは、数年前から公務削減の議論が出る度に繰り返していた内容で、皇后さまや皇太子さま、秋篠宮さまも理解していた。

政府は6月以降、水面下で皇室典範改正の検討を進めてきており、陛下のお気持ち表明後には国民を巻き込んだ議論が加速するとみられる。

2016年7月16日配信

## 天皇陛下の生前退位　大きな衝撃どう決着　見えない経緯、先行きも

天皇陛下の生前退位を巡る動きが表面化したことは、国民に大きな衝撃を与えた。政府が特別チームをつくり、皇室典範改正に向けた検討を進めていることも判明。十分に活動ができなくなれば退位も辞さないというお気持ちを陛下が周囲に漏らしていたことが分かり、すぐにでも実現するかのように思われたが、その後、陛下自身は早期の退位は望まれていないことが明らかになった。議論はどこへ向かい、どう決着するのか。見えにくくなってきた背景を探った。

▽天皇陛下

「まだまだこのままのペースで臨む」。82歳の陛下は最近も、宮内庁側と公務の負担軽減が話題になった際、こう明言したという。がんや心臓の手術を経

験したが、現在は健康上の問題はない。積極的に公務に臨む理由について、元側近は「象徴天皇の在り方を公私にわたる行動で示すという固い決意を持っている」と語ったことがある。

皇室の責務を全て一人で担おうとしているかのような陛下だが、近年は式典で段取りを忘れたり、お言葉の言い間違いをしたりすることもあり、陛下自身も2015年の誕生日会見で「年齢というものを感じる」と述べた。

陛下の心に早期の退位はないながらも、こうした態度に、宮内庁の元幹部は「将来的に思うように体を動かせなくなったときは、天皇にふさわしくないとお考えなのではないか」と推し量った。

▽宮内庁

宮内庁は09年以降、公務の負担軽減策を随時行ってきた。陛下はそのたびに大幅な削減を拒んできたが、歴代天皇で最も長寿だった昭和天皇が逝去したのは87歳。元幹部は「倒れてからでは遅い。たとえ陛下の意に沿わなくても、やるべきことはやる」と危機感を募らせてきた。

同時に、宮内庁は皇室の安定的な存続に向け、皇室典範の研究を継続。皇族の減少を踏まえた女性・女系天皇(5)の容認などがテーマだったが、陛下が戦後70年の2015年に慰霊の旅で国内外を訪れ、太平洋戦争の激戦地だったフィリピン訪問を16年1月に終えると、生前退位も研究対象となった。

▽官邸

政府は6月、杉田和博官房副長官をトップに極秘チームを設け、生前退位に必要な皇室典範の改正などの検討を始めた。有識者会議の議論を経て、12月の天皇誕生日までに骨子案をまとめ、早ければ来年の通常国会で法整備する段取りを描いているが、公式には否定を続ける。

有識者会議の立ち上げについては、宮内庁が調整している陛下自身によるお気持ちの公表に合わせたタイミングを狙うが、近くとされていた公表の時期そのものが不透明になってきている。

陛下のお気持ちの内容も、宮内庁関係者は「年齢を重ねる中で、象徴としてどうあるべきかといった考えを示すものになるだろう」と説明。自身が理想とする在り方を語る一方で、「退位」といった文言を使って明確な意向を伝えることはないとみられる。

今後の議論は陛下の早期退位を前提としたものではないとされており、宮内庁関係者は「陛下はさらに年を重ねる今後に不安を抱えている。生前退位ありきではなく、国民と陛下の双方が納得できる制度になるような議論を進めてほしい」と話している。

## 激震、再び　――陛下のお気持ち表明時期は２０１６年8月に

取材を進めるうちに、宮内庁関係者からは「陛下自身はさほど早期の退位を望まれているわけではない」といった話や、「本来は今年（２０１６年）12月の天皇誕生日に際した記者会見で『今後の象徴の姿』についてお気持ちを述べられる計画だった」などの情報が入ってきた。「退位の意向」があることには変わりはないものの、その気持ちをいつ、どのような方法で表明するのか、あるいはしないのか。憲法や皇室典範に何の規定もない退位を実現させるための法整備にも相当な時間がかかる。「今すぐにでも退位するのか」といった当初の熱は次第に冷めていった。

だが、平静さを取り戻しつつあった宮内庁記者クラブに、再び激震が走った。ＮＨＫが7月29日朝のニュースで「8月にも陛下がテレビ中継などでお気持ちを語られる」と報じたのだ。時期と方法を明示した報道。まだ半信半疑だった「天皇自身による直接のメッセージ」が実現しようとしている。宮内庁2階の一角にある記者室は殺気だった。宮内庁幹部たちへの確認作業は難航したが、「表明の時期は8月上旬」と分かり、記事を配信した。

２０１６年７月29日配信

# 8月上旬にもお気持ち

## 陛下、生前退位巡り　憲法考慮、直接表現避け

天皇陛下が皇太子さまに皇位を譲る生前退位を巡り、早ければ8月上旬にも、陛下自身が象徴天皇としての今後の公務への向き合い方などについて「お気持ち」を表明される方向で宮内庁が検討を進めていることが29日、政府関係者への取材で分かった。方法としてはテレビ中継なども候補に挙がっているという。実現すれば初めての機会となる。

ただ、生前退位は皇室典範に規定がなく、実現には法改正などが必要。陛下が直接的な表現で意向を示した場合、国に制度変更を促す内容になりかねず憲法に抵触する可能性があるため、退位などの具体的な文言は使われない見通し。

表明するお気持ちについては、82歳の陛下が今後も年齢を重ね、将来的に憲法が定める象徴天皇としての務めや公務を十分に果たせなくなった際に、そのまま皇位にとどまっていいのかという思いをにじませ、広く国民に語り掛けるものになるとみられる。

宮内庁は、生前退位を巡って政府による法整備の動きが表面化した7月13日以降、国民からも陛下の考えを聞きたいという意見が上がり始めていることを考慮。テレビ中継のほか、宮内庁長官によるお気持ちの代弁など、ふさわしい方法や時期について、陛下と相談しながら慎重に検討しているもようだ。

宮内庁の風岡典之長官は29日朝、庁舎内で取材に応じ「そのような日程はまだ決まっていない」と話した。

ただ宮内庁では、陛下が皇后さまと共に8月下旬に長野・軽井沢などで静養するのが恒例となっているため、現状では上旬での表明を調整しているものとみられる。具体的には、3日に予定されている内閣改造の際に皇居・宮殿で行われる閣僚認証式、6日の広島と9日の長崎の原爆の日、15日の終戦の日を避けると、早ければ8日の案も出ている。

２０１６年７月29日配信

## なぜいま？ 見方さまざま　表明の時期巡り識者

皇室の歴史に詳しい静岡福祉大の小田部雄次教授（日本近現代史）は「（陛下が生前退位の意向を持っているとの）報道が先行して、このまま放っておけないとの思いがあったのではないか」と推察する。

8月上旬は15日の全国戦没者追悼式を控えた時期。また9月以降は国民体育大会など秋の地方訪問シーズンに入り、園遊会もある。こうしたことから小田部教授は陛下の心中を「国民と触れ合う機会が多いのに、あいまいなまま抱え込むと、国民に失礼になると思われたのではないか」と推し量った。

皇室制度に関する有識者ヒアリングで意見を述べたことがある日本大の百地《ももち》章《あきら》教授（憲法学）は「宮内庁は先に報道を全面的に否定していた。それなのに手のひらを返すように陛下の会見をセットするのであれば、国論を分裂させ、陛下を政治の渦中に巻き込んでしまう。責任は重いと思う」と指摘。「今のタイミングで陛下が話されれば、退位が陛下の本意だというメッセージとなりかねず、かえって政治的に受け取られかねない」と懸念を示した。

放送大の原武史教授（日本政治思想史）は「生前退位の報道が出て、国民の反応が好意的だったのを見届けて気持ちを表明するようにも思える。まるでシナリオができているかのようだ」と話した。さらに「天皇自らがテレビの前で意見を表明するとなると、より政治性が出てくる。国民はいかなる発言をしようと好意的に解釈するだろう。異例中の異例で、玉音放送以来の出来事だと思う」と批判した。

一方、「昭和天皇」などの著書がある日本大の古川隆久教授（日本近現代史）は「昭和時代を振り返っても、天皇が特定の問題、特に自分に関わることだけのために会見するのは珍しい」と指摘。「本人の考えがはっきりしないまま議論を進めて行くのは好ましくないと思われるので、事態を明らかにするためにも、陛下が何らかの形で意思表示をすることはよいことだと思う」と述べた。

# 平成の「玉音放送」 ――天皇陛下のビデオメッセージ

意向の表明はやがて「8月8日にビデオメッセージで」と決められた。歴代天皇として過去に例がないカメラに向かっての生中継も検討されたが、近年は記者会見で言葉に詰まったことがある。宮内庁幹部は「直接語り掛けたいお気持ちが強かったが、生中継はやり直しがきかず、やはりリスクが大きかった」と話した。

天皇が直接的な表現で退位という制度づくりを求めれば、「政治的権能を有しない」とする憲法に違反することになる。憲法違反を避けながらどんな表現をするのかに関心が集まった。8日当日の午後3時、テレビが一斉に同じ映像を流した。その日の夕方、東京の空は真っ赤な夕焼けに染まった。

**←「象徴としてのお務めについての天皇陛下のビデオメッセージ」218ページ**

2016年8月8日配信

## 理想とのギャップに苦悩　制約強調しつつ、赤裸々に

天皇陛下が映像を通じて語られたのは、生前退位ができる世の中にしてほしいという、赤裸々な願いだった。憲法上の制約がある中での発言であることを2度も強調し、国民に理解を求めた点からは、ただならぬ決意が感じられる。追い求めてきた理想の象徴の姿と、老いていく自身のギャップ。陛下が初めて胸の奥深くにあった苦悩を国民に突きつけた。

黒っぽいスーツに紺色のネクタイを締め、5枚の原稿を手にしながら示したお気持ちは、約11分にわたった。

「象徴としてのお務めについて」と題された今回のメッセージ。陛下は自らの役割を「重い務め」と表現した。将来的に「全身全霊をもって果たしていくことが、難しくなるのではないか」との言葉から

は、全力を出し切ってきたというこれまでの活動に対する強い自負と、82歳と高齢になり、今後、確実に理想とする象徴の姿を維持できなくなる不安が伝わる。

陛下は「社会の高齢化が進む中、天皇もまた高齢となった場合、どのような在り方が望ましいか」について自分の考えを聞いてほしいと、冒頭で国民に訴えた。

2度にわたる外科手術の経験と加齢による体力の衰えにも触れていたが、多くの科学者との交流で高齢化社会を支える日本の医療技術の高さを熟知しているからこそ、「全身全霊」で活動できなくなっても天皇の地位のまま生き続ける将来の自分の姿を想像。その是非を問い掛けた。

以前は皇太子、そして即位後は天皇として培った理想。これがどういうものなのかを約3分かけて説明した。そこからは「国民の安寧と幸せを祈ること」「時として人々の傍らに立ち、その声に耳を傾け、思いに寄り添うこと」を大切にしてきたことが分かる。

皇后さまを伴って長年にわたり全国津々浦々を旅し、「市井の人々」と触れ合ってきたことを「幸せなことでした」と回顧。各地に足を運ぶ理由について、自身の立場を国民に理解してもらい、それをさらに深めるためでもあったと明かし、象徴としての神髄を語って見せた。

メッセージの中には、摂政制度を否定的に捉える発言があったが、どの文脈からも「だから制度をどうしてほしい」と求める直接的な文言はなかった。それは冒頭と末尾の2度、時間を割いて説明し、あくまでも「個人として、これまで考えてきたこと」を話すという体裁で臨むしかなかった憲法が定める天皇の立場の特異さを表している。

そんな中でも例外だったのは、最後に「国民の理解を得られることを、切に願っています」と語り、頭を下げたことだ。国や国民、そして「私のあとを歩む皇族」にとって「良いこと」と前置きして陛下が語った言葉をそのまま受け取れば、生前退位制度の必要性を訴えていることはひしひしと伝わる。

陛下をそばで支えてきた宮内庁の風岡典之長官は、ビデオ公表直後の記者会見で「憲法上の立場を踏まえて述べられているわけだから、それ以上は申し上げられない」としか語らなかった。

2016年8月8日配信

## 解説 国民が考える番

### 継承へ、思い色濃く

天皇陛下のビデオメッセージには、陛下が長く追い求めてこられた象徴天皇の姿を、高齢になって実現できなくなることへの切実な危惧が表れている。象徴とは何か。これまで陛下がひとりで悩み続けた課題を、今度は国民が考える番だ。

現行憲法が天皇の活動として規定しているのは国事行為(6)のみだ。それ以外に象徴天皇がどんな役割を果たすべきなのかは誰にも定義することができない。陛下はその空白を満たす独自の姿を追い求め、実践してきた。

いま、国民が親しみを感じる「天皇の姿」を思い浮かべるとき、そのほとんどは儀礼的な国事行為ではなく、陛下が自ら模索し築いた「象徴としての務め」のはずだ。

この務めを果たすため、国民のもとを訪ね、傍らに立ってきた。そう語った陛下の言葉には、自らが象徴の姿を確立させたことへの自負と、後々までその姿が受け継がれるべきだとの信念が、色濃くうかがえる。その念頭に、加齢による衰えへの対応策として、生前退位が置かれているのは明らかと言えよう。

「天皇という立場上、制度に具体的に触れることは控える」。そう断った上でのメッセージは、かえって自らの発言の憲法上の危うさを自覚していることの証左とも取れる。

報道が先行する異例の経緯の末に、それでもお気持ちを述べるに至った背景には、皇室の将来の確たる姿を見届けたいとの強い思いがあったのだろう。投げ掛けられた思いは国民の多くに受け入れられたように見える。だが、その願いが制度として実現されるためには、生前退位が歴史的に避けられてきた経緯を踏まえ、慎重な議論を尽くす必要がある。

（大木賢一）

## 政府、議論を本格化　――法整備に着手

天皇陛下のお気持ちの表明を受け、政府の対応も加速した。安倍晋三首相は、生前退位を実現する皇室典範改正など法整備の検討を進める考えを表明。「陛下が国民に向けてご発言されたことを重く受け止める」と官邸で記者団に述べた。政府はすでに検討のための極秘チームを首相官邸に置いており、9月にも有識者会議を設置し、皇位継承などを定めた皇室典範の改正や、陛下一代限りの退位を可能とする特別法制定を含め検討することになった。

一方、国民はあのビデオメッセージをどう受け止めたのか、共同通信は緊急の電話世論調査を実施した。生前退位容認は86・6％とビデオ公表前と変わらず高率。現天皇一代に限らず、将来にわたる恒久的な制度設計を求める意見が76・6％に上った。今後の議論の進め方には50％超が迅速な対応を求め、慎重派も40％超と意見が分かれた。また、「公務を行うのが困難になれば退位した方がよい」との回答が81・9％に上り、国民の間に理解が広がっていることが浮かんだ。

ビデオメッセージを国民は好意的に受け入れ、生前退位に向け議論が動きだそうとしていた。「象徴とは何か、天皇の務めはどうあるべきなのか」。共同通信は「天皇の務め　その行方」と題した緊急連載企画などを次々に配信した。

緊急連載「天皇の務め　その行方」２０６ページ

# 第2章 「制度設計」

天皇陛下自らが示した退位への強い意向と、それを支持する圧倒的多数の世論。退位実現に向けて政府は早々に動きだした。皇室典範改正に手を付けて恒久的な制度とするのか、それとも現在の陛下一代限りの特別法をつくるのか。近代以降例のない、天皇と前天皇の併存に弊害はないのか。検討課題が山積する中、首相官邸を主体として、手探りの制度設計が進められた。

## 有識者会議 ——法整備への論点整理

生前退位を巡っては、手続きや要件、退位後の呼称・身分など多岐にわたる論点の整理が必要となる。政府は法整備に向けて杉田和博官房副長官を中心に有識者会議メンバーの人選に着手した。会議の正式名称は「天皇の公務の負担軽減等に関する有識者会議」で、陛下の「お言葉」を受けて法整備を検討する会議ではないとされた。

一方、政府内では、現在の天皇陛下一代に限り認める特別措置法の制定を先行させ、恒久的な退位制度や「女性宮家(7)」創設などを含む皇室典範の抜本改正はその後に議論する「2段階論」が浮上。当初から典範の抜本改正を視野に置けば皇室制度全般に検討が及んで長期化しかねず、陛下の生前退位実現が遅れるとの判断に傾いた。

2016年9月23日配信

## 生前退位の有識者会議設置　経団連の今井氏ら6人起用

政府は23日、天皇陛下の生前退位を巡り「天皇の公務の負担軽減等に関する有識者会議」を同日付で設置した。会議のメンバーには、経団連の今井敬名誉会長、東大の御厨《みくりや》貴《たかし》名誉教授（政治学）ら6人を起用。菅義偉《すがよしひで》官房長官が記者会見で発表した。

メンバーに憲法や皇室制度の専門家はおらず、菅氏は「組織の経営や会議のとりまとめなど、経験が豊富な人を選んだ」と説明した。

政府は現在の天皇陛下一代に限って退位を認める特別措置法を軸に検討するとみられ、早ければ、来年の通常国会での法整備を視野に入れて慎重に議論を進めていく構えとした。

今井、御厨両氏以外の有識者会議メンバーは次の通り。

小幡純子上智大大学院教授（行政法）▽清家《せいけ》篤《あつし》慶応義塾長▽宮崎緑千葉商科大教授（元キャスター）▽山内昌之東大名誉教授（歴史学）

## 特措法か典範改正か

安倍政権は陛下一代限りの特別措置法を軸に検討する構えを取ったが、民進党など野党は皇室典範改正による恒久的な制度化を訴えた。憲法との整合性や立法手続き上の問題にもぶつかった。

横畠裕介内閣法制局長官は9月30日の衆院予算委員会で、一般論と断った上で生前退位を巡る法整備に関し、憲法改正は必要ないとの認識を示した。

他にも課題は多かった。生前退位の要件をどうするか、退位後の天皇を何と呼ぶか、皇太子不在となる中で皇位継承順位1位となる秋篠宮さまの扱いをどうするか。そして「天皇」と「前天皇」が併存するという近代史上例のない事態の中で生まれかねない「二重権威」の懸念をどう払拭《ふっしょく》するか。

2016年10月7日配信

## 一代限りで早期決着狙う　政権「国民総意」に腐心

安倍政権が特別法を軸に対応する構えなのは、皇室典範を改正して天皇の退位を制度化すると、象徴天皇制が揺らぎかねないとの懸念がある。さらに、皇室制度全般の本格的な検討は後回しにし、当面実現するのは現在の陛下の退位に絞ることで早期決着を図る狙いもありそうだ。天皇の地位を「国民の総意に基づく」と定める憲法を踏まえ、与野党の幅広い賛同を得る形にも腐心する。

有識者会議は公務の負担軽減などをテーマに議論する。メンバーは経団連の今井敬名誉会長ら6人で、会議に皇室制度や憲法の専門家らを招いて幅広い意見を聞き、提言をまとめる流れだ。

政府は退位を巡る過去の国会答弁で、将来的に天皇の自由意思によらない強制的な退位が起きる恐れや、自発的に退くと天皇の地位が不安定になることなどを挙げ、否定的な見解を示してきた。

そこで恒久的な制度にはせず、8月のビデオメッセージで退位への思いをにじませた陛下だけを対象とする特別法が浮上。法整備の在り方は会議の論点となりそうだ。

会議で専門家らが「女性・女系天皇」の是非、「女性宮家」創設などに関し意見を述べる可能性もある。ただ政権は皇室制度全般に議論が及んで、検討が長期化するのを避けたいのが本音だ。

生前退位を巡っては（1）要件を定めるか（2）退位後の天皇の呼称をどうするか（3）皇位継承順位の1位となる秋篠宮さまに「皇太弟(8)」の地位を新たに設けるか—といった課題を整理する必要もある。

政府は有識者会議がまとめる提言を受け、衆参両院の正副議長に内容を報告し、法整備に向けた対応を協議する見通し。政権内では「国民の総意」を体現する手段として、政府提出法案ではなく、与野党の合意に基づく議員立法とする案も取り沙汰されている。

2016年10月7日配信

## 「前天皇」皇族に追加か　名称や職制に課題

生前退位が実現すれば、近代以降はいなかった「前天皇」が存在することになる。名称や皇族としての扱いをどうするのかなど、課題は山積だ。

「皇族の範囲」を定めた皇室典範5条は次のように書かれている。

〈皇后、太皇太后、皇太后、親王、親王妃、内親王、王、王妃及び女王を皇族とする〉

天皇は皇族とは別の地位であり「前天皇」は存在が想定されていないので含まれていない。

上智大の高見勝利名誉教授（憲法学）は「前天皇も皇族の一員として5条に記述する必要がある」と話す。「皇室の戸籍である皇統譜(9)に載っている限り、退位しても一般人にはならない。しかし皇族に追加しないと、皇室経済法で定めた内廷費などの支給対象にならない恐れがある」

加えるとすればどこに入れるかも難しいが、皇太后（この場合は皇后美智子さま）の前になる可能性が高いとみられる。

名称も課題で、歴史的には「太上天皇」や、その略称とされる「上皇」が定着しており、この二つを軸に議論されるとみられる。

宮内庁には、天皇、皇后両陛下のお世話をする「侍従職」と、皇太子ご一家のお世話をする「東宮職」がある。「前天皇」を想定した職制は存在しないため、新たな部局などが必要になる。

職制改革などについては、1989年の昭和天皇逝去の例が参考にされるとみられる。このときはすぐ宮内庁法が改正され、香淳皇后のお世話をする「皇太后宮職」が宮内庁の庁舎内に置かれた。トップは「皇太后宮大夫」。香淳皇后は昭和天皇と長く住まわれた皇居内の「吹上御所」にとどまった。新天皇となられた現在の陛下と皇后さまの住まいは約150メートル離れた場所に新築され、93年に完成。「吹上新御所」などと呼ばれた。

2016年10月7日配信

## 「二重権威」懸念残る　見えぬ退位後の活動

生前退位を認めることで、最も危ぶまれる問題の一つが、国と国民統合の象徴である天皇のほかに、「前天皇」が存在することによる「二重権威」の弊害だ。

過去数回にわたり国会で議論された際、宮内庁は「上皇や法皇[10]といったような存在による弊害を生じる恐れがある」「歴史上いろいろな批判があり、避けた方がいい」と主張してきた。

皇室典範制定過程でも「（天皇の地位を）純粋に安定させるために退位を認めない方がいい」との考えが示されていたが、天皇陛下は8月のビデオメッセージで「象徴天皇の務めが安定的に続いていく」ために、退位への気持ちをにじませた。

実現すれば、示された象徴の務めは新天皇に引き継がれるが、陛下が退位後に一皇族の地位に戻るとして、どのくらい公に姿を見せ、どのような活動をするのかは分からない。依然として、陛下に親しみを持つ国民も多いだろう。

日本大の百地章教授（憲法学）は「国民の統合に混乱が生じる」と指摘、放送大の原武史教授（日本政治思想史）も、天皇の弟として皇位継承順位1位となる秋篠宮さまも含め「3人が並び立つことになる」と見込む。

一方、政治的権力を持たない現在の皇室の在り方では、二重権威にはならないとの声もある。皇室制度に詳しい京都産業大の所功名誉教授（日本法制文化史）は「天皇はオンリーワンの格別な存在だ。国民の受け止めとして、新天皇の初めに前天皇の像が残ることはやむをえない。今上陛下は独自の道を歩まれるに違いない」と話した。

2016年10月7日配信

## 皇太子問題も浮上へ　秋篠宮さまは皇太弟？

天皇陛下の生前退位が実現すると、皇太子不在の事態になるが、この状態をそのままにするのかどうかも焦点だ。

皇室典範8条は「皇嗣たる皇子を皇太子という」と規定している。つまり、順位1位の天皇の息子が皇太子であり、天皇の弟となる秋篠宮さまは順位1位であっても皇太子になれない。

このため、秋篠宮さまを特例として皇太子にする案のほか、「皇位継承順位が1位である天皇の弟」として歴史上に存在したとされる「皇太弟」の地位を創設する案も浮上する。

皇太子の不在(11)は昭和初期にもあり、今の天皇陛下が誕生するまで、継承順位1位は昭和天皇の弟の秩父宮で、皇太子はいなかった。

そもそも、典範は皇太子の役割を明示しておらず、法律の条文だけから見れば、不都合が生じることはない。ただ現在、皇太子さまが担う数々の公務を、秋篠宮さまがそのままの状態で引き継ぐとなると、さまざまな問題が出かねない。

その一つが予算だ。天皇、皇后両陛下と皇太子ご一家の生活費などに充てる予算は内廷費と呼ばれ、毎年それぞれ3億2400万円。一方、公務増加で身の回りの支出も増えるとみられる秋篠宮家は6710万円にとどまる。

皇室制度に詳しい政府関係者は、特別法の中で秋篠宮さまを皇太子にすることで予算の問題を解決することは可能と話す。皇太弟については「新設の身分は定義付けが難しい」と否定的だ。

他方、京都産業大の所功名誉教授（日本法制文化史）は、法的に皇太弟を明確に位置付けるべきだと指摘する。「本質的には特別法では済まない。続けて典範の改正や女性宮家の検討をすべきだ」と議論の進展を求めている。

## 専門家ヒアリング

政府は10月17日、有識者会議の初会合を官邸で開き、メンバーが複数の専門家から意見を聞くことになった。同27日に開かれた第2回会合でヒアリングする専門家として選ばれたのは、元官房副長官の石原信雄、作家の保阪正康、ジャーナリストの桜井よしこ各氏ら計16人だが、安倍首相に近い保守派が多いとされ、批判もあった。

意見を求めるのは（1）憲法上の天皇の役割（2）公務の在り方（3）負担軽減策（4）摂政設置の是非（5）国事行為委任の是非（6）生前退位の是非（7）退位の恒久制度化の是非（8）退位後の地位や活動の在り方－の8項目となった。この日の朝、昭和天皇の末弟で、天皇陛下の叔父にあたる三笠宮さまが心不全で亡くなり、皇位継承資格者は4人に減ったが、有識者会議で皇族減少対応は議論しないことが確認された。

専門家の多数決で事を決めるわけではないが、11月に実施されたヒアリングの結果は意外にも「退位反対論」が半分近くを占めていた。退位を認める場合でも、特別法制定だけではなく、皇室典範改正などで皇室の抱える問題の根本的解決を求める声が目立った。

---

2016年10月17日配信

### 「国民の理解深めたい」　初会合終え、今井座長

生前退位を巡る有識者会議の座長を務める経団連名誉会長の今井敬氏は17日、会合後に記者会見し、「国家の基本に関わる極めて重要な作業。この問題の取りまとめには国民の理解が不可欠で、理解が深まるよう、議事運営を務めていきたい」と表情を引き締めた。

同席した座長代理の東大名誉教授御厨貴氏は、約1時間の初会合でメンバーから会議の役割として

「論点や課題を明確に国民に示していくことが重要だ」との意見が出たことを明かした。提言をまとめる時期については、82歳の天皇陛下の年齢も踏まえ「あまり遅くならず、あまり拙速にならず」と述べた。

　政府は陛下一代限りの特別法制定を軸に検討を進めているとみられるが、今井氏は今回の会議では「全く予断なく議論する」と強調。御厨氏は今後の意見聴取が重要だとし、「しっかりと話を伺った上で一番いい方法を取りたい」と話した。

　女性・女系天皇の容認や「女性宮家」創設について今井氏は「検討も必要だが、改めてということになる」と述べ、議題に含めないとした。御厨氏も「大きな問題を最初から抱えてしまうと、進行が困難になってしまう」と補足した。

２０１６年10月20日配信

## 18年退位へ早期に法整備

### 一代限り「選択肢」御厨座長代理

　天皇陛下の生前退位を巡る有識者会議で、座長代理に就任した東大の御厨貴名誉教授が20日、共同通信のインタビューに応じた。政府が想定する２０１８年の退位に向けて「間に合うようにしなければ、というスピード感はある」と述べ、早期の法整備が必要との考えを示した。陛下一代に限る特別法の制定は「（選択肢として）あると思う」と明言した。

　陛下が8月のビデオメッセージの冒頭で「2年後には、平成30（２０１８）年を迎えます」と表明されたことについて「はっきりと言っているわけではないが、陛下自身が在位を自分で区切った」との見方を示した。

　過去の政権が皇室制度を巡り、女性・女系天皇や「女性宮家」創設を検討した経過に触れて「十数年、何一つ実っていない。穴を開けないことには先に進まず、今回は第1段階の整理だ」と指摘。退位を含む負担軽減策の検討が会議の目的だとして、皇室典範の抜本的改正は「現段階では難しい」との見解を示した。

政府が法整備の軸として検討している特別法に関し、個人的見解とした上で「特別法で解決するというのが（典範改正よりも）条件整備が楽だろう」と語った。

菅義偉官房長官が19日の国会審議で、来年の通常国会への法案提出を目指す方針を示したことについては「法律に従って制度を整備することを考えると、ぎりぎりではないか」と述べ、18年退位に向けて検討を急ぐ意向を強調した。

御厨氏はインタビューで、会議での議論が現行憲法下で規定された象徴天皇制の転機になるとの認識も示した。陛下が退位の意向をにじませたビデオメッセージを公表した事態を「一種の国の危機だ」と表現した。

2016年11月7日配信

## 生前退位の専門家ヒアリング

### 変わる天皇像に支持　典範改正求める声強く

天皇陛下の生前退位を巡る有識者会議は、初めての専門家からのヒアリングを実施。「公務の在り方は柔軟に」「新しい形を作ることが大事」など、時代に沿って象徴の姿が変わっていくことを支持する考え方が示された。退位の是非にかかわらず、皇室典範の改正を求める声も上がった。

退位を条件付きで容認した日本大の古川隆久教授は公務について「個々の天皇の状況に応じて柔軟に考えるべきだ」とし、その上で「国民主権という形にあったプロセスで決める必要がある」と主張。

同じく条件付きで退位を容認した作家の保阪正康氏も「次の天皇が同じことをするとは限らない」と話し、京都産業大の所功名誉教授も「今の陛下の考えも立派だが、公的行為は、それぞれの天皇の考えにより、異なってよい。新しい形を作っていくことが大事だ」と説明した。

一方、東京大の平川祐弘名誉教授は「天皇は続くことと祈ることに意味がある。自分が定義し、拡大した役割を果たせないから退位したいというのはおかしい」と自説を披露。国学院大の大原康男名誉教授も「存在の継続そのものが、国民統合の要だ」と話した。平川、大原両氏は退位には否定的だった。

両氏は公務軽減策として、摂政制度活用を主張。容認しつつも慎重な姿勢を見せた古川氏も国事行為の臨時代行や摂政制度など「現状が一番安定的に皇位継承できる」と説明したが、保阪氏は病気で摂政制度を利用した大正天皇の例を挙げ「摂政制度には人道的視点から問題がある」とした。

退位を実現する際の法整備は、特別法で対応するか、典範を改正するかで意見が分かれたが、退位に消極的な専門家も含めて、典範の改正が必要だとの主張が目立った。

古川氏は「高齢のみが理由であることを証明できること」などと譲位の条件を示した皇室典範の改正案を提示した。所氏も「高齢譲位」という考え方を紹介。迅速な対応のために特別法を作った上で、典範を改正すべきだと主張した。

保阪氏は現在の憲法の精神とつながる新しい皇室典範として「皇室法」をつくることを提言。「特例法」で生前退位を認める場合も、典範改正を前提とすべきだとした。

大原氏は生前退位には反対したが、高齢を理由とする場合にも摂政を置けるように、典範改正を主張した。

退位後の活動については、「原則的には何もしない。名称は上皇というよりも、前天皇あるいは元天皇という形が適当だ」と古川氏。所氏は研究や趣味、旅行を挙げ、在位中にできなかったことをすればよいとした。

2016年11月14日配信

## 桜井氏ら4人慎重・反対

### 退位「二重権威」懸念　賛成2人、有識者会議

政府は14日、天皇陛下の生前退位を巡る有識者会議（座長・今井敬経団連名誉会長）の第4回会合を首相官邸で開き、歴史などの専門家6人を招いて2回目の意見聴取をした。ジャーナリストの桜井よし

こ氏ら4人が新旧天皇の併存による「二重権威」や、政治利用されることへの懸念から退位に慎重・反対意見を表明。国事行為を代行する「摂政」などの活用を求めた。2人は退位に賛成した。

慎重・反対派のうち渡部昇一・上智大名誉教授は「天皇の仕事は祈ることだ」と述べ、皇太子さまを摂政とすれば問題ないと指摘した。桜井氏は、退位が政治利用されてきた歴史的経緯を踏まえ「賛成致しかねる」と強調。摂政を高齢でも置けるようにする要件緩和で対応するよう訴えた。

笠原英彦・慶応大教授（政治学）と今谷明・帝京大特任教授（日本中世史）は権威が二元化する懸念から、退位に慎重論を展開。「摂政が長期化しても二重権威の問題が起きるのではないか」との有識者の質問に対し、笠原氏は「長期にわたる場合は方策を考えなければならない」と述べた。

ジャーナリストの岩井克己氏は、陛下が思いをにじませた退位について「科学者でもある人間天皇らしい理にかなった考えだ」と賛意を表明。二重権威を巡っては、皇室活動に伴う公的経費「宮廷費」で制約を設けることが可能で、海外の王室でも二元化の事例はないと説明した。退位を一代に限る特別法ではなく、皇室典範の改正を主張した。

石原信雄・元官房副長官は、天皇が高齢になった場合に退位を認めるべきだとした上で、特別法による法整備が「適当だ」とした。退位後の活動について「原則として公的行為は行わない」とする意見を表明した。

初回の聴取は7日、5人を招いて実施。退位に関し、3人が条件付きを含めて賛成か容認で、2人が否定的見解を示した。2回目と合わせると退位に賛成・容認派は5人、慎重・反対派は6人。3回目は30日で、憲法学者5人が出席する。

2016年11月30日配信

## 退位容認9人、慎重7人

### 専門家見解出そろう　政府、特別法を本格検討　一代限り、論点整理へ

政府は30日、天皇陛下の退位を巡る有識者会議（座長・今井敬経団連名誉会長）の第5回会合を首相官

邸で開いた。専門家を招いて実施する意見聴取の3回目で、この日で計16人の聞き取りを終えた。退位は9人が条件付きも含む容認・賛成で、7人が慎重・反対となった。退位を一代限りとする特別法は容認派のうち5人が支持した。政府は特別法制定に向けた本格検討に着手した。

有識者会議は12月7、14日に会合を開き、自由討議で論点を整理し、年明けにも公表。与野党が国会で協議し、集約した意見を反映させて春ごろに提言をまとめる。これを受け、政府は来年の通常国会で法整備を目指す。2018年の退位実現を念頭に置く。退位を恒久化する皇室典範改正よりも、特別法の方が速やかに制定できるとの判断がある。

3回目の聴取では5人の憲法学者のうち、4人が退位を容認。高橋和之・東京大名誉教授は、特別法での退位も「憲法上可能だ」とする見解を表明。園部逸夫・元最高裁判事も「時間の制約がある中で意義がみられる」と特別法に賛同した。

百地章・国士舘大大学院客員教授は終身在位制を維持しつつ、高齢化社会に対応した例外的な退位に賛成の意見を述べた。大石真・京都大大学院教授も退位を容認する一方、特別法による法整備は、皇位継承を「皇室典範で定める」とした憲法2条の趣旨に合致しない恐れがあると指摘した。

八木秀次・麗沢大教授は退位に反対。陛下が退位への思いをにじませた8月のビデオメッセージを受ける形で退位を認めれば「憲法が禁止する天皇の政治関与を容認することになる」と述べた。

有識者会議座長代理の御厨貴・東京大名誉教授は賛否が割れた聴取に関し「論点集約は可能だ」と記者団に述べた。

政府内では特別法の内容を巡り、対象が現在の陛下に限定されることを明確にするため、退位の時期を条文に盛り込む案が浮上。専門家からは陛下の意思など、退位の要件を特別法で定める見解も示されており、有識者会議で論点となりそうだ。民進党などは皇室典範改正による退位の恒久制度化を主張しており、国会での合意形成が難航する恐れもある。

有識者会議の2回目までの聴取には、皇室制度や歴史に詳しい学者らを招いた。3回目は専門分野を憲法に特化した。

# 第3章「退位特例法」

## 学友の証言

政府は一代限りの退位を可能にする特別法の制定を軸に検討を進めていた。皇室典範改正などには手をつけたくないが、天皇陛下の気持ちを無視するわけにもいかない。一代限りの退位実現で速やかに事を終わらせたい――。安倍晋三政権の考えは容易に推察できた。そんな中、陛下自身が恒久的な退位制度を希望していることが、友人の証言で明らかになった。共同通信はこれを独自ダネとして大きく報じた。

2016年12月1日配信

### 陛下、退位の恒久制度望む

電話受けた旧友が証言

天皇陛下が8月にビデオメッセージを公表する約20日前の7月21日午後10時ごろ、退位について恒久制度を望む思いを、学友の明《あか》石《し》元紹《もとつぐ》氏に電話で打ち明けていたことが11月30日、明石氏の証言で分かった。陛下は「将来を含めて譲位（退位）が可能な制度にしてほしい」と語られたという。

私的な会話とはいえ、退位の在り方について陛下の具体的な考えが明らかになったのは初めて。父である昭和天皇の大正時代の経験を踏まえ、摂政設置によって混乱が生じることへの懸念も示したという。

明石氏によると、陛下は退位について「随分前から考えていた」「この問題（退位）は僕のときの問題だけではなくて、将来を含めて譲位が可能な制度にしてほしい」と話した。

明治時代より前の天皇に関しても触れ「それ（退位）がいろいろな結果を生んだのは確かだ。譲位は何度もあったことで、僕が今そういうことを言ったとしても、何もびっくりする話ではない」と語ったという。

「摂政という制度には賛成しない」と明言。理由として、大正天皇の摂政だった昭和天皇の例を挙げ「（大正天皇派と昭和天皇派の）2派ができ、意見の対立があったと聞いている」と振り返った。

明石氏は「私は多くのメディアの取材を受けていたので、間違ったことを言ってほしくない、真意を伝えたいとの思いがあったのではないか」と心情を推し量った。

2016年12月1日配信

## 心情の背景に父の姿

### 天皇陛下、友に思い伝え　摂政併存の混乱に懸念

天皇陛下が7月、自身の退位について信頼する友人に伝えたお気持ちの内容が明らかになった。将来にわたり退位が認められるようになってほしいとの思いを私的な電話で打ち明けた陛下。その言葉には大正時代に摂政を務めた父・昭和天皇の姿から感じ取った「皇室の在り方」への思いが強くにじむ。

陛下のビデオメッセージが公表されたのは8月8日。幼稚園からの学友・明石元紹氏に電話があったのはその18日前、7月21日の深夜だった。「譲位（退位）した天皇はたくさんいる」と歴史を踏まえながら10分間ほど語り「それじゃ、お休みなさい」と優しく電話を切った。

即位前の若い頃は電話で話すことが多かったという明石氏。突然の電話の本意は測りきれなかったが、昭和天皇が摂政時代に経験した混乱を再び招きたくないという思いを感じ取った。

1921年11月。大正天皇の健康状態が悪化し、皇太子だった昭和天皇が摂政に就いた。当時まだ20

歳だった。

　大正天皇実録によると、当時の宮内省は摂政設置に際し、大正天皇の病状を「御判断御思考等の諸脳力漸次衰へさせ給ひ…」と公表。特に記憶力が低下し、話すことも困難な状態だったとした。側近の日記によると、侍従長が摂政に引き継ぐため、天皇の印章「御璽《ぎょじ》」が入った印籠を受け取ろうとすると、大正天皇は抵抗し、渡すことを拒んだという。

　昭和天皇は、大正天皇が47歳で亡くなる1926年12月まで摂政を務め、25歳で天皇に即位。晩年、自身が病に伏した際に摂政は置かなかった。その理由は明らかになっていない。

　表舞台から去った天皇と摂政が併存する曖昧な状態―。陛下は明石氏への電話で、当時は大正天皇も昭和天皇も快く思ってはいなかったとした上で、派閥が生まれ天皇、摂政周辺で意見が二分されることに強い懸念を示し、退位が恒久的に認められる「ルール」を望んでいたという。

　電話の内容は、明石氏が11月30日までに共同通信の複数回の取材に応じて明らかになった。歴史学者からは「大正後期に宮中が2派に割れたことを示す内容。陛下は（摂政を置いた後の）大正天皇のようになりたくないのでは」との見方も示された。

## 転機の年

　野党・民進党は政府の対応を批判し、皇室典範改正による退位の恒久制度化を訴えていた。議論は続き、新天皇の即位と改元がいつになるのかも諸説入り乱れていた。２０１６年末の天皇誕生日の記者会見で、陛下は8月のメッセージについて「多くの人々が耳を傾け、おのおのの立場で親身に考えてくれていることに深く感謝しています」とだけ語った。「平成はあと何年で終わるのか」。誰にも分からないまま、新しい年を迎えた。

２０１７年１月１日配信

# 評論　近代天皇制転機の年　旧来の残像乗り越え

２０１７年は近代天皇制の転機の年となる。政府は1月召集の通常国会で天皇陛下の退位を可能にする法案成立を目指す。法整備がされれば、実質的に国民が皇室制度を初めて変えることになる。同時にそれは明治維新後の制度で形作られた天皇像、その残像を乗り越える意味もあるだろう。

旧憲法で天皇は主権者、軍の統帥者(12)だった。その存在は人格や行動よりまず「神聖な血統」によって裏打ちされ、半ば強引な権威付けが進められた。この天皇像に対し、陛下は違和感を持たれているだろう。

陛下は皇太子時代の１９７７年の記者会見で「皇室の伝統を見ると『武』ではなく常に学問でした。軍服の天皇は少ないのです」と述べている。

２００９年、結婚50年の会見では、象徴の在り方を求めてきたと述べた後、「大日本帝国憲法下の天皇の在り方と日本国憲法下の天皇の在り方を比べれば、日本国憲法下の天皇の在り方の方が天皇の長い歴史で見た場合、伝統的な天皇の在り方に沿うものと思います」と付言している。

13年、葬送の改革で天皇、皇后は火葬される方針になった。昭和天皇は土葬、儀式は明治以後の旧皇室令にほぼならっており、転換は旧令からの脱却を意味する。

明治維新後の為政者は国の中心に天皇を据えた。欧米列強との対峙に向け国家、国民の統合を進めるため、神話や伝統を援用して一つの「天皇像」を創出したとみることもできる。御真影が下賜され、天皇に関連づけて文化が語られた。統合への締め付けは戦争で増幅された。

戦後、天皇は象徴となったが、明治以来の「天皇像」の残像はどうか。

陛下は16年8月のビデオメッセージで、天皇の病気や深刻な事態で社会や国民生活に影響が及ぶ懸念を示した。昭和の終焉の際には過度の自粛が生じた。その背景にあった、天皇を絶対視する「無言の圧力」

がいまだに残ってはいないだろうか。

明治の皇室典範が退位を容認しなかったのは、政治体制の要となる天皇制を安定させるためとされる。その目的に従って設計された皇位継承制度の骨格は、戦後の典範でも変わっていない。

一方には「民主主義と天皇制は相いれない」という考えもある。その中で陛下は、長い皇室の歴史、憲法の象徴天皇の規定を踏まえ、新たな天皇像を作り出しているともいえるだろう。遥拝の対象だった天皇が、膝を付き国民と目線を合わせる姿となった。16年8月のメッセージは、自らが考え、実行してきた象徴の在り方を国民に問い掛けたように思える。

ことしは、徳川幕府が朝廷に政権を返上した大政奉還から150年、現憲法の施行から70年に当たる。天皇制についての議論を深める年にしたい。

（新堀浩朗）

有識者会議は1月23日、首相官邸で開いた第9回会合で、議論の中間まとめとなる論点整理を了承し、公表した。退位を容認する積極的意見を明記した上で「陛下一代限り」が有力とする内容だった。全ての天皇を対象とする退位の恒久制度化には異論を列挙し、困難視する立場を示した。法形式別の言及は避けたものの、一代限りの特別法制定を目指す政府方針を実質的に後押しする形となった。

退位によらない負担軽減策として、国事行為を代行する「摂政」の要件拡大や、国事行為の臨時代行の活用にも言及したが、「問題の解決にはならないのではないか」と指摘した。

有識者会議設置から4カ月たち、検討課題は退位後の呼称や活動の在り方などの具体論に移っていった。

## 国会見解

3月15日、退位実現の法整備に向けて、衆参両院の正副議長が国会としての見解案を各党派に提示した。与野党を含む全党派が皇室典範改正の必要性で一致したと強調し、それを実現するための「特例法」制定だと整理した内容で、与野党双方に配慮する形となった。この国会見解案の表現に従い、「特別法」との呼称は、「特例法」「退位特例法」「皇室典範特例法」などの表記に改めていった。

2017年3月15日配信

### 天皇退位で国会見解案　特例法も「典範改正」　与野党双方に配慮

▽法形式

合意形成の焦点は退位を実現する法律の形式だった。特例法を主張する自民、公明両党に対し、民進党は皇室典範改正による恒久制度化を求め、特例法は憲法上の疑義があると指摘した。与党側はさらに「典範と一体をなす」旨の根拠規定を置く妥協案を示した。

見解案は与野党の歩み寄りを念頭に、各党派が法整備に憲法上の疑義を生じさせないため「典範の改正が必要であるとの点で一致した」と言及。特例法も皇室典範改正に当たると示し、根拠規定案を「広い意味での典範改正になる」と受け止めた民進党に配慮した。

恒久化を求める野党には、「一代限り」の特例法を定めた場合、将来の退位が否定されるとの懸念があった。両院議長らは「天皇の退位について定める」旨を明記した根拠規定の文案を盛り込み、退位が例外的措置になるとともに、将来の先例になり得るとまとめた。

一方、同じ文案には今回の特例法の名称が例示された。特定の法律を名指しする形式では次回以降の法律が対象とならないが、この点で異論は出なかった。

▽退位の要件

民進党は退位の制度化に当たって（1）後継が成年（2）天皇の意思（3）皇室会議(13)の議決—の3要件を入れるべきだとしていた。自公両党は天皇の意思を要件にすると違憲の疑いがあるとして、代わりに「退位に至る事情」を法案に明記し、意思に反しないことが推察できる内容とする考えを示した。

見解案は与党側の意見をほぼ踏襲。（1）陛下が従来のようにお務めを果たすことに困難を感じている（2）昨年の「お言葉」以降、気持ちが広く国民に理解され、共感が形成されている—などを盛り込むべき事項に挙げ、「意に反しない」とくみ取れる形にした。

皇室会議の議決に関しては、自民党が退位の日を決める際に皇室会議の意見を聞く代案を提示した。見解案は具体的内容には触れず、退位の法案審議を踏まえた付帯決議などでの対応を各党派に促すにとどまった。

▽皇位継承の安定化

「女性宮家」の創設を含む皇位継承の安定化策を巡り、各党派は検討の必要性では一致しているものの、結論を出すめどには隔たりがある。見解案もこれを受けて両論併記となった。

政府が検討した結果を国会に報告する時期について「明示は困難」（与党側）と「1年をめど」（民進党）とする主張があると紹介。各党派の協議に委ねた上で「合意を得るよう努力してほしい」と呼び掛けた。

3月17日、衆参両院の正副議長は各党派の全体会議を参院議長公邸で開き、陛下一代限りの特例法制定を柱とする国会見解を正式決定した。自由党を除く与野党が賛同した見解では、皇室典範付則に特例法の根拠となる規定を置くとし、双方を「一体」と位置付けた。衆参両院議長から見解を受け取った安倍首相は「総意を厳粛に受け止め、直ちに法案の立案に取り掛かる」と強調。政府はこれを反映させた特例法案を5月上旬にも国会提出する調整に入った。

政府は陛下の退位と皇太子さまの即位の時期について、２０１８年中を想定。12月23日の天皇誕生日を区切りとする案などが検討されていたが、特例法案には具体的期日を盛り込まず、政令で定める方向とした。皇位継承に伴う新しい元号の適用は19年1月1日からとする案が浮上していた。

## 最終段階

4月6日、有識者会議は第12回会合を開き、陛下の退位後の呼称（称号）を「上皇」、敬称は引き続き「陛下」とする方向性が固まった。秋篠宮さまの呼称を新天皇即位後も維持して「秋篠宮」とする案も有力となった。皇后さまの呼称を巡っては、「未亡人」の意味合いを帯びるとして「皇太后」に慎重論があり、御厨貴座長代理は、政府内で浮上した「上皇后」を念頭に「（代案の）議論は進めている」と記者団に述べた。

---

2017年4月21日配信

### 陛下退位、「上皇」提言　有識者会議最終報告

天皇陛下の退位を巡る政府の有識者会議（座長・今井敬経団連名誉会長）は21日、首相官邸で開いた第14回会合で、一代限りの退位に向けた提言となる最終報告を了承し、安倍晋三首相に提出した。退位後の呼称（称号）を「上皇」とし、象徴としての行為を新天皇に全て譲るとする内容。皇位継承順1位の「皇嗣《こうし》(14)」となる秋篠宮さまは宮号を維持した上で「皇嗣殿下」などと呼ぶ案を例示した。皇族減少対策の必要性に言及したが、「女性宮家」創設など具体策には触れなかった。

昨年8月の陛下のビデオメッセージを契機とし、10月の初会合以来、半年の検討を経て、約２００年

ぶりの退位へ大きく進んだ形だ。最終報告は、政府に特例法制定を求めた3月の国会見解を踏まえて、残る課題を議論したと説明。特例法による退位が前提の提言との位置付けで、退位の是非や一代限りとする理由は記述していない。首相は会合で、報告を参考に法案化を進めるとし「速やかに国会提出するよう全力を尽くしたい」と述べた。政府は特例法案を来月19日にも提出する方向だ。

最終報告は、上皇の敬称を「陛下」とした。公務継続が将来的に困難になるという退位の理由と矛盾するため、皇位継承資格や摂政・臨時代行の就任資格は認めない。皇籍離脱も認めず、日常の費用は新天皇と同じ一家に充てる「内廷費」から支出する。

皇后さまには上皇の后《きさき》を意味する「上皇后《じょうこうごう》」の呼称を新設。敬称は「陛下」で、摂政・臨時代行・皇室会議議員への就任資格は制限せず、現行の皇太后と同様とした。

退位後の活動は、新天皇との間で象徴の二元化を避ける観点から、被災地視察などの公的行為を全て譲るとする宮内庁の整理が「適切だ」とまとめた。上皇と上皇后のお世話をする組織「上皇職」の新設も盛り込んだ。

秋篠宮さまの呼称については、宮家が国民に親しまれてきた点を考慮。事務を担う「皇嗣職」を新設するほか、待遇を「皇太子」並みにするため、摂政の規定を参考に皇族費を現行の3倍の9150万円に増額することも提言した。

皇族減少対策については「一層先延ばしのできない課題」であり、「速やかに検討する必要がある」として、政府に議論の深化を求めた。

2017年4月21日配信

## 官邸の意向忖度、議論先導 「違憲」防ぐ隠れみの

天皇陛下の退位に向けて政府が設置した有識者会議は、特例法による一代限りの退位が前提の最終報告をまとめて議論を終えた。憲法違反との指摘を避けたい政府の「隠れみの」として働き、首相官邸の

意向を忖度《そんたく》して議論を先導する役回りを演じきった。関係者の思惑が交錯した「賢人会議」（政府筋）の舞台裏を検証した。

▽役割分担

「最終報告にこぎ着けることができたのは、皆さまが深い洞察を巡らせ、熱心な議論をしていただいた結果だ。このメンバーだからこそ成し得たたまものだ」。安倍晋三首相は21日、有識者会議の最終会合で議論を振り返り「功績」をたたえた。

有識者会議が発足したのは昨年9月。陛下のビデオメッセージから1カ月半が経過していた。一呼吸置いたのは、陛下の言葉を受けて政府が直接動けば、天皇の政治関与を禁じた憲法に抵触する可能性があると判断したためだ。メッセージを受け止めた「国民世論の高まり」を間にかませる必要があった。

慎重を期すため、政府が自ら検討する形も避けた。有識者会議が表舞台に立ち、官邸が裏で筋書きを練る役割分担にし、あうんの呼吸で事を進める仕掛けを作った。

水も漏らさぬ徹底ぶりは人選にも表れた。「結論ありき」の印象を持たれないよう皇室の専門家は除外。政権幹部は「色が付いていない人が必要だった」と語る。

▽戦略

官邸の方針は「国会で議論する前に政府側で極力決めきる」（有識者会議関係者）。官邸と有識者会議の「二人三脚」で議論を進め、レールを敷いてしまう戦術だ。会議の様子も逐一公表し、世論への浸透も図った。

だが16年12月の会合後に「一代限り」の対応をにじませると、「先走りし過ぎだ」との見方が広がり、議論の「下請け」を嫌った国会でも波紋が拡大した。

国会との対立を避けるため、官邸と有識者会議は今年1月の中間報告を論点整理にとどめ、方向性の明示を見送った。与野党協議が終わるまでの「会議休眠」も決めた。

「向こうは法案の議決権を持っている。ここでメンツをつぶしても仕方ない」（政府関係者）。目的はあくまで「今国会での特例法成立」。有識者会議を批判の矢面に立たせる傍らで、特例法制定を求める提言を国会見解として受け取る戦略を選んだ。大きな方向性は定まり、ヤマは越えた。

▽満足

提言を受けた後、有識者会議は退位後の制度設計を「議論」した。だが官邸幹部は会合再開前の段階で「議論する類いの問題ではない。政府が決めればいい」と語っており、既に有識者会議の役割は事実上終わっていたことが分かる。

最終報告を受けて作るはずの法案骨子について「16年12月には原案ができていた」と語る首相周辺もいる。「消化試合」の様相を帯びた会合は、対外的な発表内容も抑制的となった。「全ては国会を刺激しないためだった」と関係者は明かす。

「議論を踏まえて」官邸が下書きした最終報告案に対し、有識者からの注文は「国会におもねり過ぎな表現の手直し」程度。退位の問題に限る当初方針に沿って「女性宮家」などの表現が盛り込まれなかったのに対し、異論は出なかった。

「よくやってくれた。いい案になっている」。最終報告に事前に目を通した首相は満足げな表情を浮かべた。周辺は初会合から半年間の曲折をこう振り返った。「要は、会議のメンバーが素直だったということだ」

「退位の特例法」制定は、その後とんとん拍子と言っていいほどのスピード感で進んだ。5月19日、政府は閣議で「天皇の退位等に関する皇室典範特例法案」を決定し、衆院に提出。そして6月9日、わずかな国会審議を経て、退位特例法は成立した。政府は退位と即位の時期を18年12月と想定していた。

2017年6月9日配信

## 退位特例法が成立　陛下200年ぶり「上皇」　代替わり、来年末想定　政府、19年元日改元検討

天皇陛下の退位を実現する特例法が9日午前、参院本会議で全会一致により可決、成立した。自由党

は棄権した。政府は2018年12月の退位と、新天皇の即位を想定しており、逝去によらない代替わりは約200年ぶり。陛下は「上皇」、皇后さまは「上皇后」となる。16年8月の陛下によるビデオメッセージを契機とした異例の法整備は、有識者会議や与野党による議論を経て結実した。

明治以降の終身在位制に例外を認める特例法は、退位の対象を1989年に即位した天皇陛下と明示しており、新天皇になる皇太子さま以降は適用されない。恒久制度化を求める声を踏まえ、政府は将来の退位の「先例になり得る」とする見解を示している。採決では投票総数235、賛成235、反対0だった。

安倍晋三首相は特例法成立後、官邸で記者団に「国家の基本や長い歴史、未来に関わる重要な課題だと実感した。遺漏なきようしっかりと施行に向けて準備を進めていく」と述べた。

与野党は特例法による退位の場合、国会が国民の受け止め方を踏まえ、その都度是非を判断できるとの認識を共有。将来的に強制退位などが起こらないように、1条で退位に至る事情を説明し、恣意的、強制的なものではないと明確化した。

退位特例法の成立後、議論の内容は時期や儀式などの具体論に移った。12月、皇室会議を経て、退位の日は2019年4月30日、新天皇即位は5月1日になると決まった。新しい元号の発表は、社会混乱を避けるため、即位の1カ月前の4月1日に設定された。退位の際、近代以降前例のない「退位礼正殿の儀」を行うことも決定した。

共同通信は、退位を巡って浮き彫りになった宮内庁と官邸の対立や、与野党攻防の舞台裏を特集記事で配信した。

← 緊急連載「相克―皇室と永田町」211ページ

# 第4章「令和の始まり」

## 代替わり

ついにその日がやってきた。新天皇がその地位を受け継ぐことを「践祚《せんそ》」という。皇太子徳仁親王は2019年5月1日午前0時をもって践祚し、新天皇となられた。上皇となった前陛下の「退位の意向」が伝えられてから3年弱の月日がたっていた。事前に配信していた膨大な「予定稿」が、一斉に解禁された。

2019年5月1日配信

### 新天皇陛下即位、令和改元　戦後世代初、きょうお言葉

前陛下退位「国民に感謝」202年ぶり上皇

新天皇陛下が1日午前0時、皇太子から即位された。30年余り続いた「平成」が終わり、「令和」に改元された。新陛下は59歳で、戦後生まれの初めての天皇になった。85歳の前天皇陛下は4月30日限りで退位し、上皇となった。

天皇の退位は、江戸時代の光格天皇が上皇になって以来202年ぶりで憲政史上初めて。今回は2017年6月に成立した、前陛下一代限りの退位を認める皇室典範特例法に基づき行われた。

前陛下は30日夕、皇居・宮殿で代替わりの重要儀式「退位礼正殿の儀」に臨んだ。在位中最後のお言葉で「象徴としての私を受け入れ、支えてくれた国

民に、心から感謝します」と述べた。

米国など各国の首脳は、自国と日本との関係発展に尽力したとして前陛下に謝意を表明した。

新陛下は1日午前、宮殿で執り行われる国事行為の「剣璽《けんじ》等承継の儀」と「即位後朝見の儀」に相次いで臨む。いずれも即位後間もなく行われる重要儀式で、承継の儀では「三種の神器」の一部である剣や璽（勾玉《まがたま》）、国の印の国璽《こくじ》、天皇の印の御璽《ぎょじ》を受け継ぐ。朝見の儀では、三権の長らと面会して新天皇としての最初のお言葉を述べ、即位を告げる。

4日には皇居で一般参賀があり、即位後初めて一般国民と会う。

代替わりに伴い、皇太子妃だった雅子さまは新皇后に、前皇后美智子さまは上皇后となった。秋篠宮さまは皇位継承順1位の皇嗣となり、長男の悠仁《ひさひと》さまが継承順2位に繰り上がる。3位は前陛下の弟の常陸宮《ひたちのみや》さま。

前陛下は30日午前、皇室の祖先などを祭る皇居・宮中三殿で、正殿の儀を行うことを告げる儀式にも臨んだ。正殿の儀は宮殿「松の間」であり、成年皇族や三権の長、閣僚、都道府県知事の代表らが参列した。

前陛下はその後、宮内庁幹部や側近らからあいさつを受けた。関係者によると、前陛下から「令和の時代も同じように務めてほしい」という趣旨の言葉と謝辞があり、4月30日午後7時15分すぎ、天皇としての全ての行事を終えた。

新陛下と前陛下が存在することによる「二重権威」が生じないよう、前陛下はこれまで担ってきた一切の公務から身を引く。

2019年5月1日配信

## 象徴への決意、固く　「皇位継承」高らかに

「ここに皇位を継承しました」。1日午前、三権の長らを前に自らの即位を告げる「即位後朝見の儀」で、天皇陛下が、高らかに宣言された。表情には、新しい象徴天皇としての固い決意がにじむ。参列者

は、厳かな雰囲気の中、初めてとなる陛下の「お言葉」に耳を傾けた。

儀式は午前11時10分すぎ、皇居・宮殿で最も格式の高い「松の間」で始まった。陛下は黒のえんび服に白のネクタイ姿で胸には勲章が輝く。白のロングドレスにティアラを着けた皇后さまと一緒に入室し、正面を向くと、両脇には皇嗣秋篠宮さまをはじめとする男女成年皇族が並んだ。

手元の紙に目を落としながら、一節一節を丁寧に述べる陛下。安倍晋三首相や衆参両院議長など参列者約290人は真剣に聞き入った。

安倍首相が国民代表として「国民を挙げて心からお喜び申し上げます」と述べ、開始から約7分後、天皇、皇后両陛下がゆったりとした足取りで松の間を退出した。

両陛下は儀式の間、引き締まった中にもかすかな笑みをたたえる、お二人らしい表情だった。

午後も行事が続き、両陛下は上皇ご夫妻に即位後初めて面会したほか、秋篠宮ご夫妻をはじめとする皇族から祝賀を受けた。両陛下は時折笑顔を浮かべるなど、午前の儀式と比べてリラックスした様子だった。

2019年5月1日配信

## 評論 象徴は一人、胸に刻むべき

### 時代つくるのは私たち

「令和」の時代到来とともに、皇室の「形」も大きく変わった。象徴的なのは「陛下」が4人に増えたことだ。

新聞などは「天皇陛下」「皇后さま」「上皇さま」「上皇后さま」などと表記することになりそうで、単独で陛下と呼ばれるのが天皇だけであることは変わらない。だが、皇室典範特例法は上皇と上皇后の敬称も「陛下」と定めた。法的には陛下は4人いる。

前天皇、皇后ご夫妻は一切の公務をされず、「二重権威」は生じないというが、事はそれほど簡単とは思えない。

宮内庁は上皇の英訳に「EMERITUS」とい

う単語を入れた。大学の名誉教授に使われる言葉で、「前天皇」より「名誉天皇」の意味合いが漂う。外国王室を研究する関東学院大の君塚直隆教授は「これでは天皇より格上に見られてしまうのでは」と危惧する。世界的にもこのような用語の例はなく、単に「エンペラー・アキヒト」とするのが妥当だという。

1日の即位儀式の後、新天皇陛下は前天皇ご夫妻を訪ねてあいさつをすると聞く。天皇が上皇に即位の報告をするのでは、どちらが上位なのか分からない。約200年前の退位の例に倣ったとみられるが、日本国憲法下の現代にふさわしい行動とは到底思えない。平安の昔、院政で上皇が権力を振るった時代に「天子（天皇）は東宮（皇太子）の如し」と言われたことが想起される。

上皇になっても「私的な外出」は少なくないはずだ。居合わせた人々は変わらず熱狂し、非公表の動静を把握する取材競争は激化するだろう。

皇嗣秋篠宮さまは皇太子の公務を引き継ぎ、これまでの仕事の多くも続ける。担当職員は増員され、皇族費は3倍になった。三者が並び立つというのが新皇室の姿になるのかもしれない。

しかし「国と国民統合の象徴」は新陛下ただ一人だ。それだけに皇太子時代とは質の違う求心力が求められる。道は険しいが、新しい象徴の姿を示す必要もあるだろう。

新時代をつくるのは私たち自身だ。よりよい時代を築こうとする中で、皇室は一つの明かりであってくれればそれでいいと思う。そしてその中心にいるのは、新陛下と、そのパートナーの新皇后雅子さまであることを、私たちは深く胸に刻むべきだ。

（大木賢一）

2019年5月1日配信

## 留学で身に付けた庶民性　言葉から見る新天皇像

「下着を詰め込んで洗濯機があふれてしまいました」「パブには気軽に行きます」（1984年）。新天皇陛下は留学経験のある初の天皇だ。

英オックスフォード大在学中に自由な生活を謳歌し、これまでの天皇にない国際感覚とともに、「庶民感覚」を身に付けた。寮の部屋には人気女優ブルック・シールズさんのポスターが張ってあった。

「英国に比べて警備が過剰ではないかという印象を受けます」（85年）。日本の警備体制をこう評したのは25歳の時。欧州各国を旅行して王室に触れた経験から「国民と近くありたい」との思いがあった。「英国の場合、王室が国民と正しい関係にあるのは否定できないですね」（86年）

「僕自身も戦争を知らない世代」（87年）。戦後生まれ初の天皇だが、「知らない世代」としての新たな仕事はよく分かっているのだろう。「記憶が薄れようとしている今日、戦争を体験した世代から知らない世代に、悲惨な体験や歴史が正しく伝えられていくことが大切」（2015年）

国民に何を求められているかを常に気に掛け、「国民と苦楽をともにし、皇室に何を望んでいるかを認識すること」（96年）が重要だと説く。「時代の要請」という言葉も度々使ってきた。

「家族を思うことと、国や社会に尽くすということとは両立することだと思います」（02年）。適応障害で療養を続ける新皇后雅子さまをかばい、「全力で守る」とのプロポーズの言葉を貫いた。「安心を経験した子どもは信頼を覚える。かわいがられ抱きしめられた子どもは世界中の愛情を感じ取ることを覚える」。05年の会見では米国の詩を紹介した。長女愛子さまが3歳の時だった。

水に関する問題をライフワークとし、「地球温暖化や生物多様性の減少、自然災害、貧困や食料不足が進行している」「一部の国などでは武力紛争が継続し多数の犠牲者や難民が発生している」（14年）と、世界の問題にも目を向ける。

皇太子として最後の機会となった19年の会見で「価値観などの多様性を、おのおのが寛容の精神をもって受け入れることが大切」と述べたのは、社会的少数者（マイノリティー）らへのまなざしを感じさせる。

2019年5月1日配信

## 「象徴」の踏襲、発展誓う　天皇陛下即位

天皇陛下は「即位後朝見の儀」で、自らを「国と国民統合の象徴」と規定する憲法を守ることを誓い、平和を願う気持ちを表明された。その言葉は上皇さまが30年余り前の即位に際して述べた内容と重なる。先代が築いた象徴の姿を踏襲し、発展させる決意と言える。

即位後朝見の儀の「お言葉」は、天皇が国民に向けて初めて発する自らの行動規範であり、理念だ。

上皇さまは1989年に臨んだ儀式で「皆さんとともに日本国憲法を守り、これに従って責務を果たすこと」を誓い、国運の進展と世界平和、人類福祉の増進を切望すると語った。

今回の陛下の「お言葉」はわずかな違いがあるが、伝えたいメッセージが同じなのは一目瞭然だ。

陛下は、戦没者慰霊を重ね、被災地見舞いなどで国民に寄り添う姿を示し続けた上皇さまの歩みに「深く思いを致し、自己の研鑽《けんさん》に励む」と述べた。

「象徴」に求められる役割を実体験として知る唯一の存在である父を、陛下がまず範としたことは当然の帰結だろう。その上で、新たな象徴像は、実践の積み重ねによって形づくられる。

2019年5月1日配信

## 「平成流」継承前面に　研鑽積み、発展目指す

天皇陛下は令和初日の1日、「即位後朝見の儀」で述べられた初めての「お言葉」で、国民に寄り添い、平和を祈る「平成流」の継承を前面に打ち出した。同時に、研鑽を重ね、憲法が定める「象徴」の在り方を追求していく決意を強くにじませた。

▽清新さ

「この身に負った重責を思うと粛然たる思いがします」。皇居・宮殿で最も格式が高い「松の間」。安倍晋三首相や閣僚ら国民を代表して参列した約290人の前に立ち、壇上で語り始めた陛下の手はわずかに震えていた。

皇位継承の宣言、上皇さまへの敬意と感謝に続き、自身の思いを明かす。「世界の平和を切に希望します」。結びの言葉に力を込めた。

えんび服に勲章を着けた陛下。白のロングドレスにティアラを着けた皇后さま。昭和天皇が亡くなった2日後、服喪を表す暗い装いだった「平成」の朝見の儀とは空気が違う。宮内庁幹部は「快活な語り口で、時代の幕開けにふさわしい清新なあいさつだった」とうなずいた。

▽初心

「お言葉」は、基本的には30年余り前に上皇さまが同じ儀式で語ったことをなぞった形で、その歩みを受け継ぐ意思が明確になった。

陛下は、上皇さまの象徴としての日々を「平和と国民の幸せを願われ、いかなる時も国民と苦楽を共にされた」と総括。即位を目前にした2月の誕生日記者会見でも述べている考えだ。今回改めて言及したことからは、皇太子時代から父の姿をどのように見つめ、何を見習おうとしていたかが色濃くうかがえる。

国民に誓ったのは、上皇さまと同じように「国民に寄り添いながら」象徴としての責務を果たすことだった。

一方で、文言には違いが見られた。上皇さまは「憲法を守り」と述べ、その解釈を巡り、護憲派・改憲派双方にさまざまな臆測を呼んだ。今回、使った表現は「憲法にのっとり」だった。側近は「趣旨は全く変わらない。言葉尻を捉えて主義主張のために解釈するのは、陛下の言葉に対して、そぐわない」と眉をひそめる。

「陛下が進むべき道の手本は、憲法が規定する象徴の役割を模索しなければならない立場を経験した上皇さましかいない。まずは実直に務めを果たしていく。それが初心だ、ということだろう」と解説する。

▽補完

「これから先、私を継いでいく人たちが、次の時代、さらに次の時代と象徴のあるべき姿を求め、先立つこの時代の象徴像を補い続けていってくれることを願っています」。上皇さまは2月、天皇在位30年を記念した政府主催の式典で、自らが築いた象徴像の補完を求めた。

陛下が朝見の儀で述べた「自己の研鑽に励む」の一節は、先代に倣うだけではなく、自らの力で発展させるという固い意思の表れだ。上皇さまがこれまで口にしてきた「模索」より、強い思いを感じたと打ち明ける宮内庁職員も多い。

陛下は「時代に応じて求められる皇室の在り方を追い求めていきたい」（2月の会見）としていた。宮内庁幹部は「皇室は伝統を重んじながらも柔軟に変化してきた。陛下もこれを基本としている」と話した。

手放しの祝福ばかりではなかった。数の上では平成の始まりの頃とは比べるべくもないが、「天皇制」そのものに反対し、声を上げる人々もいた。5月1日に京都で開かれた天皇制反対集会では、元大阪市立大教授の上杉聡さんが講演し「天皇にも人権を与えるべきだ」と現行の天皇制を批判した。上杉さんは、上皇さまが退位の思いを強くにじませたビデオメッセージを公表した際、「退位すべきではない」との声が一部で上がったことを紹介した上で、「人権感覚が抜けている」と指摘。「本来は辞めたい時に辞める権利があるはず。今の天皇制はおかしい」と疑問を呈した。一方、一連の儀式が国費によって賄われることが「政教分離」(15)の原則に反するとの指摘は、昭和から平成への代替わりの時と同様に多方面から寄せられた。

2019年5月1日配信

## 解説　政教分離、真摯に向き合え　天皇即位儀式

天皇陛下は1日、「即位後朝見の儀」に先立ち「剣璽等承継の儀」に臨まれた。皇位のしるしとされる

「三種の神器」のうち剣と璽（勾玉）や、国の印「国璽」と天皇の印「御璽」を受け継いだ儀式だ。国事行為での実施には政教分離の観点から反発もあり、議論が尽くされないまま実施された。「象徴」の儀式はどうあるべきか。将来の代替わりも見据え、政府は真摯に向き合うべきだ。

18年3月、政府はこの儀式などを国事行為とする方針を決めた。ただ事前の検討を行う会合が開かれたのはたった3回。そこで平成の代替わり儀式を「現行憲法下で十分な検討が行われた上で挙行された」と結論付け、前例踏襲を決めたが、一部の憲法学者らから「議論不足」「政教分離の原則に違反する」と批判が出た。

秋に催される代替わりの重要祭祀「大嘗祭」に国費を支出することについても異論が多い。18年12月には違憲訴訟が起こされ、11月（誕生日会見）には、秋篠宮さまからも「宗教色が強いものを国費で賄うことが適当かどうか」と苦言が飛び出すなど国民全体に理解が広がっているとは言えない。

今回の検討過程を振り返ると、賛否が分かれる課題を蒸し返したくないとの政府の強い意向がうかがえた。だが、天皇の地位は国民の総意に基づくと憲法は規定している。政府には、丁寧な議論を通し、国民がわだかまりなく今後の代替わりを見守ることができる環境づくりが求められている。（坂口貴）

2019年5月2日配信

## 皇室と憲法　皇室に人権はあるか　結婚や「引退」、制約多く

天皇の代替わりという歴史的節目に当たり、皇室と憲法の関係に目を向けると、多くの人権が制約されていることが分かる。「仕事」を辞める時期すらも選べない。自由な意見表明も難しい。結婚のハードルも高い。上皇さまの退位や、秋篠宮家の長女眞子さまの結婚問題から考えてみた。

「次第に進む身体の衰えを考慮する時、これまでのように、全身全霊をもって象徴の務めを果たして

いくことが、難しくなるのではないかと案じています」

上皇さまが2016年8月、ビデオメッセージを公表したことが契機となり、天皇の代替わり論議が浮上した。上皇さま本人が天皇として退位の意向をにじませたことは、政治的権能を有しないとする憲法4条と、言論の自由を保障する21条の観点から、研究者の間でも意見が割れた。

退位を認めるかどうかの検討は、高齢になった天皇を、終身在位という制度で縛ることの是非がテーマだった。一連の議論は、天皇の人権をどう捉えるのかという側面にも光を当てた。

17年9月に大学時代の同級生小室圭さんとの婚約が内定した眞子さまだったが、同年12月ごろから小室家の金銭問題が週刊誌で頻繁に報道されるようになり、翌18年2月、結婚は延期になった。表向きは「十分な準備を行う時間的余裕がない」との理由だったが、実際は金銭問題が原因だった。

昨年11月、秋篠宮さまは「今でも2人が結婚したいという気持ちがあるのであれば、それ相応の対応をするべきだ」と述べ小室さん側に、公に説明するよう求めた。「多くの人がそのことを納得し、喜んでくれる状況にならなければ、私たちは婚約に当たる『納采の儀』を行うことはできません」と断言した。

秋篠宮さまの発言への賛否は宮内庁内でも分かれている。憲法1条は、天皇の地位は国民の総意に基づくと定める。その天皇を支える皇族の結婚は、総意とも言える国民の祝福の中で行われるべきだとの立場の人は「当然の見解だ」と語る。一方、婚姻は両性の合意のみに基づくとする24条に重きを置き「自由にさせてあげるべきだ」との声もある。

女性皇族を巡っては、皇室が公務の担い手不足に直面していることから、結婚後も皇室に残る「女性宮家」の議論がある。眞子さまの結婚延期中に仮に女性宮家が創設されると、小室さんは皇室入りすることになるため、厳しい目も向けられている。

天皇、皇族を支える宮内庁幹部は「皇室と人権の話は、結局は国民がどう考えるかの問題だ。ゴシップとしてではない形で関心をもってもらえるとありがたい」と話す。

# 新天皇としての日々

5月4日、天皇陛下の即位を祝う令和最初の一般参賀が皇居・宮殿であり、平成への代替わり時を約3万人超える14万1130人が訪れた。陛下は「わが国が諸外国と手を携えて世界の平和を求めつつ、一層の発展を遂げることを心から願っております」とあいさつされた。5月7日には赤坂御所から皇居に「初出勤」し、皇居・宮殿「菊の間」で、閣議に関わる文書などに押印、署名する執務に臨んだ。

即位からひと月足らずの5月27日には、早くも国賓を迎える機会がやってきた。米国のトランプ大統領夫妻を招き、天皇、皇后両陛下が主催する初の宮中晩さん会が開かれた。所作にまだ慣れない様子があったが、気負いや硬さは見られず、初々しい中にも、豊富な海外経験で培った国際親善への自信を感じさせた。

2019年5月27日配信

## 「絆深め平和と繁栄を」 両陛下、米大統領夫妻歓迎 令和初の宮中晩さん会

令和最初の国賓として来日したトランプ米大統領夫妻を歓迎する天皇、皇后両陛下主催の宮中晩さん会が27日夜、皇居・宮殿の「豊明殿」で開かれた。天皇陛下は冒頭、あいさつに立ち「(両国民が）揺るぎない絆をさらに深め、希望にあふれる将来に向けて、世界の平和と繁栄に貢献していくことを切に願っている」と述べられた。天皇代替わり後、両陛下が晩さん会を催すのは初めて。

戦後生まれの陛下は、上皇ご夫妻が戦没者の慰霊を続けたことに触れ「日米関係が、多くの人々の犠牲と献身的な努力の上に築かれていることを常に胸に刻む」と強調。東日本大震災での米軍による「トモダチ作戦」などの支援活動にも謝意を示した。自身の訪米歴や皇后さまが幼少期や高校、大学時代を

米国で過ごしたことを挙げ「特別の親しみを感じている」とも語った。

　トランプ氏はあいさつで、新元号「令和」を「美しい調和を意味する」と紹介。日米同盟を「豊かな財産」と表現し「米国と日本との間で大切に育まれてきた絆を、われわれの子孫のために守っていく」と語った。

　皇嗣秋篠宮ご夫妻をはじめとした成年皇族や安倍晋三首相夫妻ら１６５人が出席。26日に首相やトランプ氏とゴルフを楽しんだプロゴルファーの青木功さんや、米国留学の経験がある京都大ｉＰＳ細胞研究所所長の山中伸弥さんも招かれた。

　晩さん会では食後に出席者が別の部屋に移り、飲み物を手に立って歓談する場（後席）が設けられる。皇后さまはこの日、療養に入る直前の２００３年10月以来となる出席を果たした。これまでは、起立した状態での懇談は負担が大きいとされていた。

　この日午前には宮殿・東庭で歓迎行事が行われ、宮殿「竹の間」で両陛下と大統領夫妻が会見した。宮内庁によると、首相と大相撲を観戦したトランプ氏が「力強く素晴らしいものでした」と感想を話し、陛下は「大統領がご覧になったほど、近くで見たことはありません」と応じた。


終戦記念日の8月15日、天皇陛下は天皇として初めての戦没者追悼式に臨まれた。そのお言葉にどんな独自性が表れるか注目が集まったが、非戦の継承を誓う内容だった。

２０１９年８月15日配信

## 非戦継承、にじむ覚悟　世代超え模索続く

戦後世代の天皇陛下が初めて全国戦没者追悼式に参列された。緊張した様子で「お言葉」を述べる姿

に非戦の願いを継承する覚悟がにじんだ。戦争経験者が急速に減る中、若い世代の橋渡し役も模索を続ける。旧軍兵士の証言活動に携わる有識者は「被害者としてだけでなく、加害者側の視点でも伝えていくべきだ」と指摘する。

▽震え

「どんな時でもあまり緊張することがない」と周囲に語る天皇陛下が、この日は違った。標柱の前に進む足取りはぎこちなく、モーニングの内ポケットからお言葉の書かれた紙を取り出す手は震えていた。

太平洋戦争に深く関わり、その責任に苦悩した昭和天皇。上皇さまは平和を願い、戦没者慰霊を重ね、平成は戦争がなく終わった。「天皇と戦争」を巡る系譜の中で、戦後生まれの陛下が何を語るのか。世代を超えた関心の目が向けられた。

「深い反省の上に立って、再び戦争の惨禍が繰り返されぬことを切に願い…」。お言葉は、上皇さまが前年述べた文面をほぼ引き写した内容だった。「変えないことで、平和への思いを確かに受け継ぐ覚悟を示された」（宮内庁幹部）。その重みを表すように、陛下の声はいつもより低く、かすれていた。

▽3割

戦時下で幼少期を送った上皇ご夫妻は、陛下や秋篠宮さまに子どもの頃から、原爆や沖縄戦のことを繰り返し話してきたという。陛下はこうした経験に基づき、戦後70年だった2015年の誕生日記者会見で「悲惨な体験や日本がたどった歴史が正しく伝えられていくことが大切である」との認識を示している。

時の経過とともに戦争経験者は減り続け、陛下と同じ戦後世代が社会の8割超を占めるようになった。今回の追悼式に参列予定だった遺族のうち、戦後生まれは初めて3割を超えた。

戦争の記憶が薄れていくことに警鐘を鳴らし、後世に伝える役割を天皇に期待する声も上がる。側近は「戦後世代の天皇として平和の象徴であるためには、謙虚に歴史を学び、経験していない分を知識で埋めるしかない。陛下はさらに次の世代につないでいくことも重く考えている」と語った。

▽試行錯誤

非戦の誓いをどう継承するか―。この問い掛けは、世代や階層を超え広がる。「被爆者の話を聞ける最後の世代かもしれない。私たちが頑張らなきゃというプレッシャーもある」。国際社会で核兵器廃絶を訴える「高校生平和大使」を務める高校2年の橋田《はしだ》晏衣《あい》さんは被爆者の証言を引き継ぐ重みを感じている。「どうやってリアルに伝えればいいのか」と試行錯誤を重ねる。

「これまでの『戦争の記憶』は被害者の視点が多く一面的になりがちだった」。旧軍兵士の証言を残す活動をしている「戦場体験放映保存の会」事務局次長の田所智子さんは指摘する。

兵士は、加害者の側面とともに、飢えに苦しんだ被害者としての側面もある。「戦争には多面性がある。いろんな視点から捉えることで、全体を浮かび上がらせることができる」

「つらい話だから」とためらわず、身近な戦争経験者に話を聞く意義を指摘。「そうすることで戦争体験が特別なものではなく、自分たちのこととして考えることができる」と訴えた。

やがて季節は秋を迎えた。ここまで慎重な「平成の踏襲」路線を歩いてきた天皇陛下だが、次第に、少しずつ違いを見せられる場面も出てきた。

一方、即位の礼の最重要儀式「即位礼正殿の儀」が間近に迫った10月12日、台風19号が伊豆半島に上陸、関東から東北を縦断し、死者80人以上の大災害となった。

2019年10月10日配信

## 両陛下、日の丸振り仰ぐ　国歌斉唱時の向きに賛否

天皇、皇后両陛下は、秋田市で9月に行われた「全国豊かな海づくり大会」での国歌斉唱の際、上皇ご夫妻の前例を変え、後ろを振り返って日の丸の旗を見上げたまま君が代を聴かれた。天皇として国旗や

国歌とどう向き合うのか、識者の間で賛否が分かれている。

在位中の上皇ご夫妻は例年、この大会では正面を向いて参加者と相対し、日の丸を背にして君が代を聴いていた。

式典は9月8日、秋田市の県立武道館であり、両陛下の席の後方高くに日の丸が掲げられていた。「国歌斉唱」のアナウンスで参加者が起立。両陛下も立ち上がり、2人で振り返って日の丸を見上げ、君が代が流れた。

君が代の「君」は象徴天皇を指すというのが政府見解。そのためか、両陛下は皇太子夫妻時代も国歌斉唱では後ろを向いて日の丸に向き合うことがあり、この路線を即位後も続けた形だ。

名古屋大大学院の河西秀哉准教授（日本近現代史）は「天皇になっても自分が君が代を受けるのではなく、国民と同じ立場で共に国に敬意を表したと解釈できる。画期的な変化だ」と評価する。

神道学者の高森明勅氏は「国旗は国の最上位の公共性を表示するもの。陛下は公共性の究極の体現者として、それに敬意を表された」とし、日本大の古川隆久教授（日本近現代史）も「平成も即位の際『国民のみなさん』という新しい言葉で国民との距離を縮めようとした。その流れをさらに次の段階に進めたものだ」と好意的な解釈だ。

一方、放送大の原武史教授（政治思想史）は「どこまで意図的な行動か分からない」とした上で「率先して国旗国歌への向き合い方を見せることで、結果的に日の丸は必ず仰ぎ見るものだとの規範を示してしまうことにならないか」と懸念。「国民の国への過剰な帰属意識を誘う危険もある」と話している。

宮内庁幹部は「陛下のご真意は分からない。平成も令和もそれぞれのなさり方で国民を大切に思い、共に歩むという点では、何も変わらないだろう」と話している。

10月17日、政府は天皇陛下の即位に伴う祝賀パレードを延期した。当初は予定通り22日に実施する方針だったが、台風19号被害の拡大を受け、一転させた。「強行すれば『国民に寄り添う』と決意した陛下のイメージを傷つけかねない」（政府筋）との懸念が背景にあり、陛下の気持ちに配慮した格好だ。

「国民から祝ってもらう状況ではない」。宮内庁関係者は陛下の心境を代弁した。陛下は5月の即位の際、初のお言葉で「国民に寄り添う」と決意を示した。15日も、台風被害に対する「両陛下のお気持ち」が発表されたばかり。犠牲者を哀悼し、安否不明者の早期発見や復旧を願う内容だった。

## 即位礼正殿の儀

即位から約半年後、「即位礼正殿の儀」が厳かに行われた。朝から降り続いた雨が開始直前にやみ、雲間から差し込む光で宮殿中庭に並んだ旛《ばん》（のぼり旗）がきらきらと輝くさまに、参列者は息をのんだ。

2019年10月22日配信

### 天皇陛下、即位の礼

お言葉「国民に寄り添う」　2千人参列、祝宴も　パレード、台風被災で延期

天皇陛下が内外に即位を宣言する「即位礼正殿の儀」が22日午後、国事行為として皇居・宮殿で執り行われた。陛下は玉座「高御座《たかみくら》」(16)に立ち、「国民の幸せと世界の平和を常に願い、国民に寄り添いながら、憲法にのっとり、日本国および日本国民統合の象徴としてのつとめを果たすことを誓います」と述べられた。

即位の礼の中心儀式で、各国の元首や王族、政府

高官のほか、三権の長や閣僚、知事、各界の代表ら計1999人が参列した。夜には同じく国事行為の祝宴「饗宴の儀」が開かれた。

1990年に催された平成時の正殿の儀は、戦前の様式に倣ったことから、憲法が定める国民主権や政教分離の原則に反するとの批判が出たが、政府は今回も前回の様式を踏襲した。

天皇、皇后両陛下のパレード「祝賀御列の儀」は台風19号の被害を受け、11月10日に延期された。

正殿の儀は「松の間」で行われ、古式装束「黄櫨《こうろ》染袍《ぜんのほう》」を着た陛下が、天孫降臨神話に由来する高御座に上り、皇位のしるしとされる「三種の神器」のうち剣と璽（勾玉）が、国の印の「国璽」と天皇の印の「御璽」と共に高御座に置かれた。皇后さまは十二単《ひとえ》姿で隣の「御帳台《みちょうだい》」に立った。

安倍晋三首相が床上で陛下を見上げ、祝辞の「寿詞」を述べ、首相の発声で参列者が万歳三唱した。儀式は約30分で終了した。

皇嗣秋篠宮ご夫妻ら成年皇族も装束姿で並び、えんび服の常陸宮さまは車いすで参列。三笠宮妃百合子さまは96歳と高齢のため欠席し、公務を退いた上皇ご夫妻も参加しなかった。

松の間前の中庭には、装束姿の宮内庁職員らが並ぶ予定だったが、雨のため中庭を囲む廊下に配置され、旛（のぼり旗）や桙《ほこ》だけが立った。

海外からは191カ国・機関などの代表らが参列。英国のチャールズ皇太子やオランダのアレクサンダー国王夫妻、中国の王岐山《おうきざん》国家副主席、韓国の李《イ》洛淵《ナギョン》首相らが顔をそろえた。

饗宴の儀では、両陛下が正殿の儀に参列した外国賓客を迎え、飲食を共にした。25、29、31日にも開かれる。

警視庁は全国の警察から応援を受け最大2万6千人の厳戒態勢を敷いた。

2019年10月22日配信

# ひと言ずつかみしめお言葉

直前の雨一転、万歳響く

「即位を内外に宣明いたします」。「憲法にのっとり、象徴としてのつとめを果たす」。22日に執り行われた天皇陛下の即位を宣言する「即位礼正殿の儀」。古式装束で玉座「高御座」に立った陛下は、ひと言ずつかみしめるようにお言葉を読み上げられた。お祝いの万歳三唱の声が響くと、神妙だった皇后さまの表情もわずかに緩んだ。

午後1時5分。宮殿で最も格式が高い「松の間」で儀式が始まった。「黄丹袍《おうにのほう》」を着た秋篠宮さま、初めての十二単姿の長女眞子さま、次女佳子さまをはじめとする皇族らや、安倍晋三首相ら三権の長が並ぶ。高御座は紫色の帳《とばり》が下りたまま。宮殿では、直前までかなり強かった雨や風がほぼ収まった。はためいていた中庭ののぼり旗も静かになった。中庭を囲む豊明殿や長和殿には海外の元首や王族、日本国内の各界代表ら。陛下の姿を待つ張り詰めた空気に包まれた。

参列者は、かん高い鉦《しょう》（かね）の音で一斉に起立する。黒い束帯の侍従が帳をゆっくりと開くと、天皇のみが着ることができる「黄櫨染袍」をまとった陛下。黄色がかった茶色の装束で手に笏《しゃく》を持ち、正面をまっすぐに見据えた。

お言葉は約2分間。紙に目線を落としながら、よどみなく読み上げた。真正面に立った安倍首相を確認するように、時折前を向く。隣の「御帳台」に立つ十二単姿の皇后さまも聞き入った。参列者は背筋を伸ばし、儀式の映像を流すモニターを食い入るように見詰める。安倍首相の発声に合わせ、参列者の万歳三唱。皇后さまは緊張がやや解けた様子で、顔を横に向け、高御座の陛下を見守った。

宮殿に21発の礼砲の「ドン」という音がとどろく。約30分間の儀式が終わると、両陛下はゆっくりとした足取りで松の間を後に。儀式の間、雨はほぼ上がり、晴れ間ものぞいた。

## 祝賀御列の儀

国民にとって新天皇即位最大のイベントは、オープンカーによるパレードだったのかもしれない。沿道に行きさえすれば、きらびやかな衣装の両陛下を自分の目で見ることができる。手を振る皇后さまの目には、何度か涙が光った。長い苦難の時を経験したが、国民が自分に寄せ続けた思慕の気持ちを感じ取られたのだろう。

2019年11月10日配信

### 両陛下、即位パレード

令和秋晴れ、11万9千人　沿道の祝福に笑顔　皇居から赤坂御所、厳戒

天皇陛下の即位を披露するパレード「祝賀御列の儀」が10日午後、皇居から赤坂御所までの約4・6キロで行われた。秋晴れの下、天皇、皇后両陛下はオープンカーに乗り、沿道に詰め掛けた約11万9千人（内閣府）の祝福に笑顔で手を振って応じられた。

両陛下のパレードは1993年6月の結婚以来。約2万6千人の警察官が投入され、厳戒態勢が敷かれた。

天皇陛下はえんび服に勲章を着け、皇后さまは白のロングドレスに、上皇后さまから譲り受けたティアラ姿。両陛下は午後3時すぎ、即位を祝って作られた行進曲「令和」を宮内庁楽部が演奏する中、天皇旗を立てたオープンカーで皇居・宮殿を出発し、皇嗣秋篠宮ご夫妻や安倍晋三首相らが乗った車も加わった。

皇居・正門を出た車列は、警備車両なども含め46台、長さ約400メートルに及び、時速10キロほどで警視庁や国会議事堂正門、自民党本部などの前を通り、住まいの赤坂御所に約30分かけて到着した。皇居前や赤坂御所の前では、自衛隊が「ささげ銃」の敬礼で出迎えた。

２０１９年11月10日配信

## 自信少しずつ　療養16年、回復の途上

沿道に揺れる日の丸の小旗と祝福の歓声に包まれ、穏やかな笑顔を向けられる皇后さまに、少しずつ取り戻してきた自信がのぞいていた。10日に催された即位パレード。オープンカーで天皇陛下の隣に座る皇后さまは目尻に柔らかなしわを刻み、白い歯をこぼした。一方、適応障害の療養生活は16年に及び、回復の途上にある。

5月の代替わりから半年余り、皇后さまは即位関連儀式や全国戦没者追悼式など重要な公務に立て続けに出席した。初の国賓として迎えたトランプ米大統領夫妻を得意の英語で歓待し、地方訪問の際は自ら市民に歩み寄って声を掛けていた。

「療養中であることを感じさせないほど、一つ一つを着実にこなされた」と宮内庁幹部は話す。だが、「体調に波がある」状態が激変したわけではない。

皇后さまが療養に入ったのは２００３年12月。結婚から8年半後に授かった長女愛子さまに愛情を注ぐ一方、男子を望む声はやまず、「世継ぎのプレッシャー」に苦しんでいたとされる。

体調不良を理由に公務を休むことに批判的な記事が相次ぎ、公の場にほとんど姿を見せない時期が数年間続いた。

「大勢の人が集まる場所に行けなかった。思うような活動ができず、ご自身が一番心を痛めていた」と当時の側近は明かしていた。

復調の兆しが見え始めたのは、小学生だった愛子さまの「不登校問題」が落ち着いた頃からだ。14年は11年ぶりとなる宮中晩さん会、15年は12年ぶりの園遊会出席を果たした。東日本大震災の被災地訪問も重ねてきた。

16年夏に在位中の上皇さまがビデオメッセージで退位の意向を示して以降は、外出を伴う公務や宮中祭祀、地方訪問の機会が格段に増えた。「これから先のことを考えると、身の引き締まる思いがする」。17年12月の誕生日に当たって公表した文書には、皇

后となる覚悟をにじませた。

数年前までの張り詰めた表情は消えたが、宮内庁からは反動を心配する声が漏れる。「体調管理はもちろん、行事に向けた準備に細かすぎるほど完璧に取り組まれている」。側近の一人は、皇后さまの現状をこう指摘し「根を詰め過ぎて疲弊してしまわないよう、注意して支えていく」とした。

## 大嘗祭

祝賀御列の儀が終わり、残る重要儀式は「大嘗祭《だいじょうさい》」だけとなった。大嘗祭は天皇即位後、一世に一度だけ行われる「新嘗祭《にいなめさい》」のことで、五穀豊穣《ごこくほうじょう》と国民の安寧を祈る祭祀。中心的儀式の「大嘗宮《だいじょうきゅう》の儀」は「悠紀殿供《ゆきでんきょう》饌《せん》の儀」と「主基殿供饌《すきでんきょうせん》の儀」から成る。

この祭祀だけのために巨大な「大嘗宮」が設営され、終了後は取り壊された。神と一体化する儀式だとの学説もあるなど宗教性が強く、平成時と同様に政教分離の観点からの議論があった。

2019年10月5日配信

### 国の安寧や豊穣願う　皇位継承の重要祭祀

大嘗祭の中心儀式「大嘗宮の儀」は、11月14、15日に皇居・東御苑で催される。

宗教色の強い儀式だが、政府は前回と同様、皇室に長く伝わる重要な皇位継承儀式として「公的な皇室行事」と位置付け、国費支出を決めた。政教分離を定めた憲法に反するとの批判がくすぶっている。

大嘗祭の関連費用は、皇室の公的活動費となる宮廷費が充てられ、総額27億円の予算を見込む。宮内庁は経費削減のため、大嘗宮の敷地を前回より2割強縮小し、参列者用の幄舎《あくしゃ》を小さくしたり、悠紀殿と主基殿の屋根をかやぶきから板ぶきに変更したりするなど、工法や資材を見直した。

大嘗宮の施工は大手ゼネコンの清水建設で、予定価格の6割の9億5700万円で落札。前回はテロ対策で建設現場が非公開とされたが、今回は建設中の様子を公開している。

2019年11月12日配信

## 陛下、令和の大嘗祭

### 即位重要祭祀、未明まで　「政教分離違反」批判も　皇居、三権の長ら参列

皇位継承の重要祭祀「大嘗祭」の中心儀式「大嘗宮の儀」が14日夜～15日未明、皇居・東御苑に特設された大嘗宮で、公的な皇室行事として営まれた。即位した天皇が五穀豊穣や国の安寧を祈る儀式で、「秘事」とされる。14日夜の「悠紀殿供饌の儀」と、15日未明の「主基殿供饌の儀」が挙行された。

神道形式の大嘗祭に対する公費支出を巡っては、1990年に催された前回から、憲法の政教分離原則に反するとの批判が根強いが、政府は令和の今回も公的性格を認め、費用は皇室の公的活動費「宮廷費」を充てた。総額約24億4千万円となる見通し。

宮内庁は、安倍晋三首相ら三権の長や閣僚、全国の知事、各界の代表ら675人を招き、悠紀殿の儀には510人が、主基殿の儀には425人がそれぞれ参列した。

大嘗宮は、約90㍍四方の敷地に、天皇陛下の儀式の舞台となる悠紀殿、主基殿と呼ばれる社殿を含む30余りの建物が並ぶ。悠紀殿の儀は、祭服を着た陛下が午後6時半すぎ、悠紀殿に入られて始まり、午後9時15分ごろ終わった。

内部は非公開。宮内庁などによると、陛下は御座《ぎょざ》に座り、皇室の祖という神話上の天照大神《あまてらすおおみかみ》を祭る伊勢神宮の方角に設けられた神座《しんざ》に新穀や酒などを供え、御告文《おみつげぶみ》を読み、自らも食べて豊作などを祈った。

装束姿の皇后さまは帳殿《ちょうでん》と呼ばれる建物に入り、陛下の社殿に向かって拝礼し、皇嗣秋篠宮ご夫妻ら皇族も参列した。常陸宮ご夫妻と三笠宮妃百合子さまは欠席、上皇ご夫妻も参加しなかった。

主基殿の儀では、陛下が15日午前0時半すぎ、主基殿に入り同様の所作をした。悠紀殿では栃木県、主基殿では京都府で収穫されたコメが使われた。

16、18日には、天皇、皇后両陛下が参列者と酒食を共にする「大饗の儀」が宮殿で催される。

大嘗祭は、天皇代替わりに伴う一世に一度の祭祀として、7世紀後半の天武天皇、持統天皇の頃に整備されたとされる。戦乱などの影響で、室町から江戸時代にかけて約220年間中断。天皇神格化を進めた明治期に大規模化した。

2019年11月14日配信

## 連綿と続く祈り　垣間見た秘事

たいまつの淡い炎が闇を照らし、純白の祭服に身を包まれた天皇陛下が現れた。一世一度限りの大嘗祭に臨む緊張感に、晩秋の冷たい空気がさらに張り詰める。周囲の高層ビル群の窓明かりも皇居の巨樹に遮られ、ここには届かない。静寂の中、かがり火にくべたまきがはぜる乾いた音が響き、侍従の先導で回廊を進んだ陛下は悠紀殿へと消えていった。

皇居・東御苑に設けられた大嘗宮。神社の社殿をほうふつとさせる大小30余りの木造建築が整然と並び、装束姿の宮内庁幹部が控える。記者は最後列の幄舎に参列した。

儀式は大半が非公開だ。宮内庁は「皇祖神とされる天照大神や全ての神々に新穀を供え、自らも食べることで、五穀豊穣に感謝し、国と国民の安寧を祈る」とだけ説明する。

だが、文献や取材に基づき、内部での所作はある程度再現できる。

悠紀殿に入った陛下は8㍍四方の奥間「内陣」で、中央にある神の寝床とされる「寝座《しんざ》」そばの御座に着く。明かりは灯籠だけだ。陛下の眼前には、神が控える「神座」が、天照大神をまつる三重県の伊勢神宮の方角に向けて配されている。

陛下はこの空間で「神饌親供《しんせんしんく》」と呼ばれる所作に臨む。神饌は供え物の料理のことで、一口大に握ったコメとアワに加え、サケやアワビ、クリなど山海の幸が用意されている。カシワの葉で作った箱に納められ、陛下は竹製のはしを使って、采女《うねめ》から渡された皿に丁寧に盛り付けていく。神座の周りに供え終えると、白酒と黒酒を注ぐ。

正座した状態で約1時間半、この所作を黙々と続ける。手伝う采女は2人。一説には、500回以上はしを運び、皿の数は30枚を超える。

続いて、陛下は拝礼し、御告文を読む。コメとアワ、白酒と黒酒を自ら口にする「直会《なおらい》」で締めくくり、主基殿でも一連の所作を繰り返し、夜通し神と向き合う。

祭場には、神楽歌の独特の調べが重く低く流れていた。垣間見た儀式の一端は、まさに神事であり、政教分離に反する疑いは拭えない。一方で頭によぎったのは「国安かれ、民安かれ」という歴代天皇の言葉だった。連綿と続く祈りの本質がそこにある。大嘗宮の壮大な舞台装置を伴わずとも、意義は損なわれないはずだ。

2019年11月14日配信

## 静かな世論　政教分離、広がる無関心

大嘗祭が29年ぶりに行われた。宗教儀式への多額の国費支出を巡っては前回、憲法の政教分離原則違反だと議論が沸騰し、過激派のテロも続発したが、今回は目立った動きはなかった。政府関係者は上皇さまが重ねられた活動や、それを継承する天皇陛下への信頼の証しと胸を張るが、天皇を神格化し、戦争に突き進んだ反省を踏まえた議論が尽くされたとは言えない。静かな世論には危うさが潜む。

### ▽弱体化

10月上旬、皇居・東御苑には外国人を含む多くの

観光客が集い、建設中の大嘗宮をスマートフォンで撮影する姿があった。テロ警戒で作業を非公開とした平成時にはない、令和の新風景だった。

宮内庁は作業を公開した理由を「社会情勢の変化」とする。その一つが過激派の弱体化だ。天皇制に反対する勢力は前回の大嘗祭があった1990年、テロ・ゲリラ事件(17)を140件超起こしたが、今回はデモを行う程度で強硬さは見られない。

当時、暴力的な訴えは支持を得られず、世間から孤立した。中核派では「やりすぎだ」と離反者が出た。翌年以降は武装闘争を控える方針を継続している。学生運動が衰退する中、拠点だった大学からの締め出しも強まり、他の組織も軒並み構成員を減らした。警察庁によると、テロ・ゲリラ事件は94年以降、年間10件を下回る。

▽新たな姿

波乱のない大嘗祭となった背景について、政府関係者は「象徴天皇に対する理解が広がったことも大きい」と指摘する。

戦後の新憲法の下、「象徴」として初めて即位した上皇さまは、大嘗祭などの代替わり儀式を経て活動を本格化。30年余りの在位中、東日本大震災などの被災地訪問や戦没者慰霊にいそしんだ。天皇陛下も姿勢の継承を繰り返し明言している。

宮内庁幹部は「『現人神』だった戦前と違い、平和を祈り、国民に寄り添うという新しい天皇像が平成で明確に示され、天皇に軍国主義を重ね、危機感を抱く人が減ったのだろう」と語る。

▽わだかまり

ただ、本来的には天皇への信頼と政教分離の問題は別物ではないのか。

令和の大嘗祭を挙行するに当たり、政府は2018年3月、会合を3回開いただけで国費を使う前例踏襲を決めた。関係者は「複雑化しかねない議論は避けたかった」と明かす。その狙い通り、世論の反発は強まらず、視線はラストイヤーの上皇さまにばかり向けられた。

大嘗祭を催した陛下の胸の内は分からない。ただ、皇嗣秋篠宮さまが18年11月の記者会見で「宗教色が強いものを国費で賄うことが適当かどうか」と苦言を呈したことからは、皇室内に政府に対するわだかまりがあることがうかがえる。

今の大嘗祭の様式は、天皇の神格化を進めた戦前に成立した。安倍政権に近い保守派は今回、その維持に成功した。

放送大の原武史教授（政治思想史）は「戦前回帰的なイデオロギー」を感じ取り、「東日本大震災以降、政治は権力にまみれているのに対し、天皇はそこから超越した『無私な存在』という戦前に似た見方が皮肉にも強まりつつある」と指摘。「憲法によると『天皇の地位は国民の総意に基づく』。政権に批判的な人々も含めて皇室に絡む問題を議論しなくなったが、国民が真剣に考えないといけない」と警鐘を鳴らした。

2019年11月14日配信

## 評論　望ましい継承の形とは

### 現代の天皇像と皇室の伝統

令和の大嘗祭が14日夕から皇居で挙行された。たいまつの光に浮かぶ天皇陛下の姿を見ると、太古の神秘な世界へいざなわれそうになるが、「国と国民の安寧を祈る」この祭祀に、先の大戦の天皇像を重ね合わせたい。皇室の伝統を継承していくとき、どのような形が望ましいのか。暗闇の中の儀式が私たちに課題を突き付けている。

新穀と海山の幸を供え、神と人とが共食する大嘗祭は、古代の日本人の姿を伝えているという。

皇室の伝統を継承することには大きな文化的意義があると思う。だが、大嘗祭に巨費を投じて政府が「伝統」を守ろうとするのは、戦争の惨禍を生んだ天皇像につながるように思える。

大嘗祭は、戦乱や皇室の衰微のため略儀での挙行や中断があったが、明治時代に即位儀礼を再編する法令が定められて大がかりになった。

大正の大嘗祭に携わった民俗学者の柳田国男は「今回の大嘗祭の如く莫大の経費と労力」を使ったのは「全く前代未聞」と記した。今回も戦前のやり方を踏まえたのに対し、秋篠宮さまが「身の丈に合った儀式」と言われたように、時代に即して形を変えるのが本来の伝統かもしれない。

律令の時代には多くの民衆と無縁だった大嘗祭は、明治になって神道的性格が強調され、民衆の信仰の上位に連なる祭祀として喧伝《けんでん》された。人民の信仰を統一するような意義が大嘗祭に潜んでいるのなら、現代の国民には受け入れ難い。

天皇の祭祀を中心に国家神道が推し進められた果てに何が起きたか。人々が戦争に駆り出され、310万人の日本人が命を落とし、多くの国々が被害に苦しんだ。

この反省に立ち、戦後の日本国憲法は、天皇を国と国民統合の象徴と位置づけ、神威をまとった天皇像と決別した。にもかかわらず、旧令に準じた祭儀を政府が支えるのは、国として戦前の天皇像をなぞっていることにならないだろうか。

戦後の昭和、平成の時代を経て、「国民と共に」ある新たな天皇像が浸透した。この先、私たちはどのような天皇像を選び、どう儀式を継承するのか。課題は令和の時代にも続く。（新堀浩朗）

令和元年から2年へ。即位儀式が一段落し、新時代を迎えた高揚感も落ち着きを見せ始めていた。新しい天皇像を築き始めようとした矢先、新型コロナウイルスが状況を一変させた。影響を受けたのは皇室も例外ではない。「3密（密閉、密集、密接）」回避や行動制限が求められ、国民に寄り添い、苦楽を共にするといった「象徴の務め」の実践が難しくなったのだ。

感染拡大の影響で、秋篠宮さまが皇嗣となったことを内外に宣言する「立皇嗣の礼」が延期となり、「全国植樹祭」などの重要な地方訪問も年内実施が見送られた。天皇、皇后両陛下主催の園遊会も、春と秋、続けて取りやめとなった。

政府の専門家会議が提言した「新しい生活様式」では、人との間隔をできるだけ空けることや、多人数での会食を避けることなどが盛り込まれた。政府の緊急事態宣言解除後、再び感染者が増える中、地方だけではなく都内への訪問も厳しくなっている。

天皇陛下は、即位後初めて臨んだ2月の誕生日会見で「多くの人々と触れ合い、直接話を聞く機会を大切にしたい」と語った。しかし、両陛下の立ち寄る駅や施設には多くの人が出迎えに集まり、レセプションや式典には多くの関係者が集まる。こうした活動と、コロナ禍で求められる生活様式との両立は容易ではない。

両陛下は4月以降、多くの専門家や関係者を住まいの赤坂御所に招き、感染症や貧困など、多岐にわたるテーマについて進講を重ねている。宮内庁も、皇室行事の新たな在り方を模索し続けている。

# 注釈一覧

**（1）皇室典範**　皇位継承や皇族の範囲など皇室関連事項を定める法律。継承者を「皇統に属する男系の男子」に限定し、順位を①皇長子（天皇の長男）②皇長孫（長男の長男）③その他の皇長子の子孫―などとする。天皇の心身が重篤な状況に陥った際に摂政を置くことや、即位の礼、大喪の礼の実施なども定めている。

**（2）有識者会議**　政府などが意思決定に際して議論と提言を求めるために設置する諮問機関。皇室関連では、過去に、女性・女系天皇を巡る議論の際にも設置された。

**（3）定年制**　天皇が一定の年齢に達したら退位すべきだとの議論は以前からあり、秋篠宮さまは2011年の記者会見で「定年制というのはやはり必要になってくると思う。ある一定の年齢を過ぎれば、だんだんいろんなことをすることが難しくなる。年齢で区切るのかどうするのかというところも含めて議論しないといけないと思う」と述べられた。

**（4）戦後70年の慰霊訪問**　戦後70年となる2015年の4月、現在の上皇ご夫妻は太平洋戦争の激戦地パラオを訪れ、戦没者を追悼された。この年、ご夫妻は国内各地の慰霊堂や引き揚げ者の開拓地なども訪問。翌年にはフィリピンも訪れた。

**（5）女性・女系天皇**　女性天皇は、単に女性である天皇で、歴史上8人存在した。一方の女系天皇は、母方の血筋のみが天皇につながる天皇で、126代続くとされる歴代天皇の中で一人も存在しない。

**（6）国事行為**　日本国憲法の定めにより、天皇が行う行為。法律の公布、国会召集、衆院解散、首相や最高裁長官の任命、儀式など13項目がある。内閣の助言と承認を必要とし、内閣が責任を負う。

**（7）女性宮家**　女性皇族が結婚後も皇室にとどまり、当主となって宮家を創設する制度。女系天皇につながるとして反対論も根強い。民主党の野田佳彦政権は、有識者ヒアリングを経て2012年に女性宮家に関する論点整理を公表したが、その後の政権交代で頓挫した。

**（8）皇太弟**　歴史的に、次の天皇が天皇の子であれば「皇太子」、孫であれば「皇太孫」、弟であれば「皇太弟」と呼ばれる。現在の秋篠宮さまはこれに当たるが、法的には単に「皇位継承順1位」を表す「皇嗣」と呼ぶことになった。

**（9）皇統譜**　天皇や皇族に戸籍はないが、それに代わるものとして皇統譜がある。歴代天皇と皇后に関する事項を記す「大統譜」と、それ以外の皇族について記録する「皇族譜」に分かれる。皇族に子どもが生まれると、毛筆で名前などが書き込まれ、宮内庁長官と書陵部長が署名する。

**（10）上皇や法皇**　いずれも退位した元天皇を示す。上皇は「太上天皇」の略とされる。法皇は「出家した元天皇」のことで、平安時代末期に院政を敷いて権勢をふるい、源氏と平氏を操った「後白河法皇」などが知られる。

**（11）皇太子の不在**　1926年に昭和天皇が即位してから、33年に現在の上皇さまが誕生するまで、昭和天皇には女児しかおらず、皇太子は不在だった。その間、皇位継承順1位は長弟である秩父宮だった。

**（12）軍の統帥者**　1889年に公布された大日本帝国憲法は、天皇について「大日本帝国ハ万世一系ノ天皇之ヲ統治ス」（第1条）「国ノ元首ニシテ統治権ヲ総攬ス」（第4条）などと規定。また11条で「天皇ハ陸海軍ヲ統帥ス」としていた。

**（13）皇室会議**　皇族の結婚など皇室に関する重要事項を協議する際に設置される機関。①首相②衆参両院議長と副議長③最高裁長官と裁判官④宮内庁長官⑤皇族2人―で構成される。

**（14）皇嗣**　皇位継承順1位の「次の天皇」。皇室典範に「天皇が崩じたときは、皇嗣が、直ちに即位する」との規定がある。もともとは特定の皇族を指す敬称ではなかったが、令和の代替わりにより、秋篠宮さまが「皇嗣殿下」と呼ばれることになった。

**(15) 政教分離**　政治と宗教を分離し、政治に宗教的中立性を求める考え方。「信教の自由」を保障する日本国憲法20条は「いかなる宗教団体も、国から特権を受け、又は政治上の権力を行使してはならない」「国及びその機関は、宗教教育その他いかなる宗教的活動もしてはならない」と定め、特定の宗教への公金支出を禁じている。

**(16) 高御座**　即位の礼で使われる天皇の玉座。八角形の天蓋に鳳凰や鏡などの装飾が施され、台座を含めると高さは6メートル以上。ニニギノミコトが、天照大神から三種の神器を授けられたときの神座を模したとの説がある。

**(17) 1990年、テロ・ゲリラ事件**　常陸宮邸と京都御所に向けた金属弾発射事件（1月）や、比叡山延暦寺の放火事件（11月）があり、いずれも天皇制反対を叫ぶ過激派組織が犯行声明を出した。前年には、昭和天皇の葬列を狙った時限式消火器爆発事件も起きている。

# 第2部

# 検証　新元号「令和」

## 改元はどのように行われたのか

2019年4月1日、政府が新元号「令和」を決定した。利便性などから西暦を使うことが増えたとはいえ、元号は1300年以上の歴史を経て、日本の独自文化として定着している。新時代への思いを託す人もいるだろう。世界で唯一、元号制度が残る国(1)としていま一度、意義を捉え直す機会としたい。元号は古代中国が発祥で「皇帝が時をも支配する」との考えに基づく。日本の元号も長年天皇が定め、その権威を高めてきた面は否めない。

だが戦後、日本は新憲法の下で国民主権の国家となった。天皇が支配する国ではないのに、なぜ皇位継承時に改める「一世一元」制(2)で天皇と結び付いた元号が必要なのかという議論も必要だろう。一方、元号への批判的な意見は以前ほど高まっていないのも事実だ(3)。共同通信の世論調査（19年1月実施）で、元号と西暦のどちらを使いたいかを聞いたところ、両方を使いたい39・8％、西暦34・6％、元号24・3％で、元号への強い拒否反応はみられない。

日本人は「安政の大獄」や「明治維新」など大事件や歴史の転換点を元号で記憶し、単に時代を表示する手段ではない意味を見いだしてきた。味わいのある文化として評価する声もある。ただ同時に、時代の区切り方は個人の自由で多種多様だ。元号に縛られるものではない。元号公表は、そんな元号の是非を考える契機となった。

天皇の贈り名（追号）にもなる「神聖不可侵」な元号の選定は、高度の機密事項として扱われた。政府は情報漏れを防ぐため、極秘裏に作業を進め、その詳細は「令和改元」が終わった今も明らかにしていない。約30年前の「平成改元」についても、政府は関連資料の多くを非公開としている。(4)一体どのような検討や議論があったのかを検証できない状況で、多くは謎に包まれたままだ。

共同通信は、政府が隠そうとする元号の選定過程に迫り、その取材の成果を国民に届け、記録に残すことを目指し、18年6月に元号取材班を発足させた。取材対象は、首相官邸や内閣官房、内閣府ほか各省庁、国立公文書館など関係機関、全国の学者計約200人、関係学界、政治家や官僚OBなど広範囲にわたった。その過程で取材班は複数の元号考案者を割り出し、選定を進める政府への取材を進めた。

元号決定7カ月前の18年8月18日には「新元号の出典、日本古典も選択肢」を配信。19年3月4日には、元号選定の過程で重要な役割を果たす「有識者懇談会」のメンバーとして、政府が山中伸弥京都大教授ら9人を起用することをつかみ、全容判明のスクープ記事を速報した。情報管理に絶対の自信を持っていた政権幹部は「機密」が漏れたことに激怒、動揺し、メディアへの警戒を強めた。これ以降、秘密保持に全力を挙げる政府と、それを突破しようとするメディアの対立は一層激化し、報道各社の取材競争も熾烈《しれつ》を極めていった。

取材班は1年近くにわたった取材の蓄積を生かし、元号「令和」が発表された19年4月1日から連載企画「検証　新元号『令和』」を10回続きで配信した。この連載企画に加筆、修正しつつ、当時のストレートニュースを加え、その後につかんだ新事実や取材秘話を基に「再検証」も試みた。（文中の肩書は記事配信当時）

# 「令和」選定過程と判明した元号案

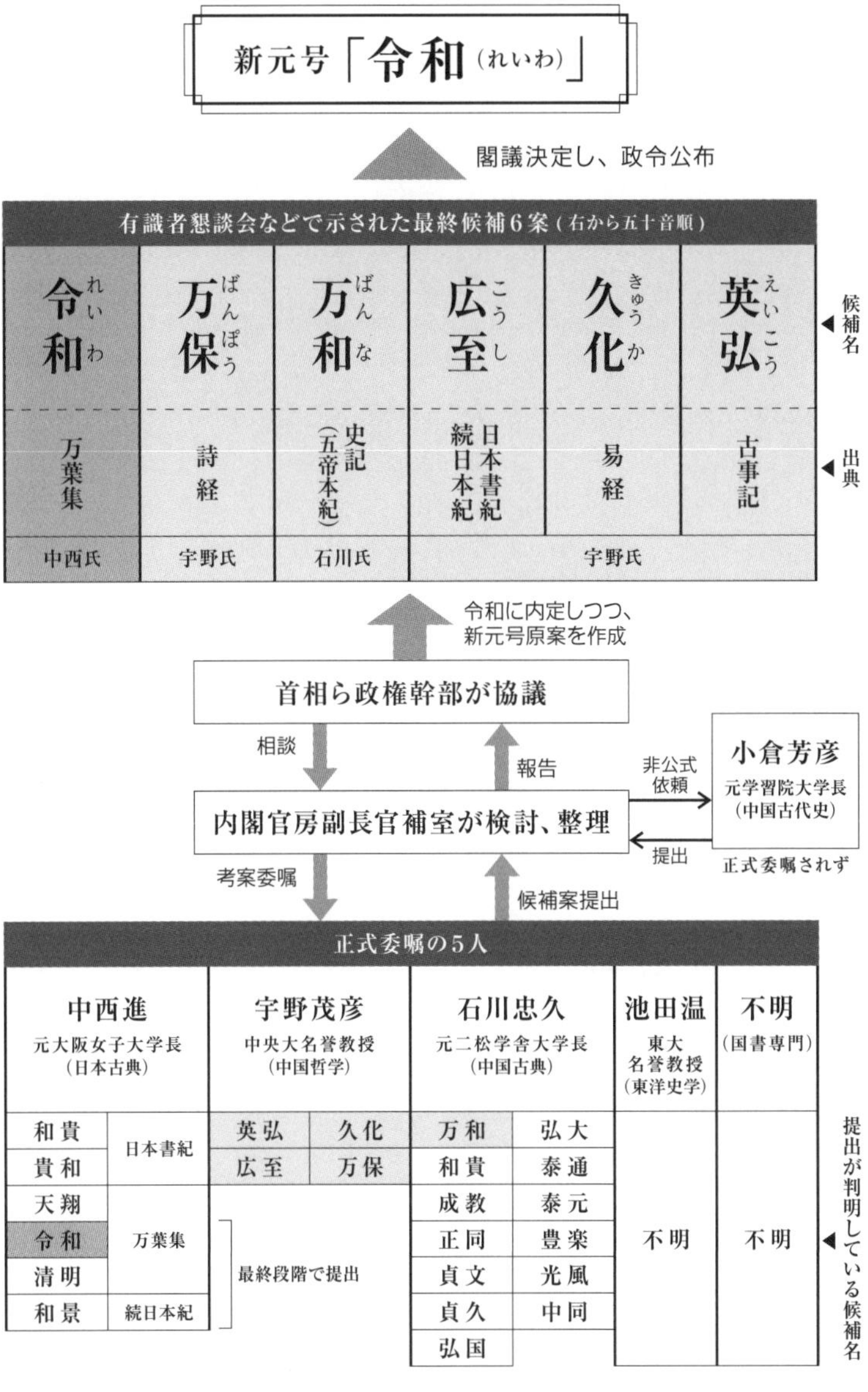

新元号「令和（れいわ）」
閣議決定し、政令公布
有識者懇談会などで示された最終候補6案（右から五十音順）
令和《れいわ》
万保《ばんぽう》
万和《ばんな》
広至《こうし》
久化《きゅうか》
英弘《えいこう》
◀候補名
万葉集
詩経
史記（五帝本紀）
日本書紀
続日本紀
易経
古事記
◀出典
中西氏
宇野氏
石川氏
宇野氏
令和に内定しつつ、
新元号原案を作成
首相ら政権幹部が協議
相談
報告
内閣官房副長官補室が検討、整理
非公式
依頼
提出
小倉芳彦
元学習院大学長
（中国古代史）
正式委嘱されず
考案委嘱
候補案提出
正式委嘱の5人
中西進
元大阪女子大学長
（日本古典）
宇野茂彦
中央大名誉教授
（中国哲学）
石川忠久
元二松学舎大学長
（中国古典）
池田温
東大
名誉教授
（東洋史学）
不明
（国書専門）
和貴
貴和
日本書紀
天翔
令和
清明
万葉集
和景
続日本紀
最終段階で提出
英弘
久化
広至
万保
万和
弘大
和貴
泰通
成教
泰元
正同
豊楽
貞文
光風
貞久
中同
弘国
不明
不明
◀提出が判明している候補名

# 第1章 「連載企画―検証 新元号「令和」」

## [1] 極秘選定作業の源流 ――陛下手術、走る緊張／2016年の退位意向で現実に

2012年2月、天皇陛下が心臓の冠動脈バイパス手術を受けられた。「あの時は本当に緊張感が走った」。元号事務を担当していた元内閣官房幹部は、当時の野田佳彦首相下の官邸が固唾《かたず》をのんで見守った様子を振り返った。万が一のことが起きれば、皇位継承に伴う改元作業が現実味を帯びたからだ。

実際、同幹部はその手術を前に「有識者懇談会メンバーの予定者に誰が連絡するか、念のため確認した」と明かす。元号選定の政府要領(5)は有識者懇談会からの意見聴取を規定する。

先立つ10年7月、陛下は「健康上の問題が起きる前に譲位（退位）したい」と宮内庁長官らに伝えていた。ただ改元に向けた作業が本格化した最大の契機は、約6年後の16年8月に天皇退位の意向をにじませたビデオメッセージだった。この極秘任務と向き合ってきたのが、元号選定の実務を仕切った古谷一之官房副長官補だ。第2次安倍政権発足後の13年4月、国税庁長官から就任。内政全般の重要政策を裏方で支え、菅義偉《すがよしひで》官房長官の信任も厚い。ビデオメッセージの後「私の時にいよいよ巡ってきた」と秘めた思いの一端を周囲に吐露した。元号の候補名は副長官補室やその前身の内閣内政審議室が代々、国文学や漢文学などの専門家に考案を依頼してきた。複数の元政府高官によると、1989年1月の「平成」改元以降の約30年間、首相が代わるごと

に、副長官補や内政審議室長が事務の官房副長官に選定状況を説明した。

さらに必要に応じ、時の首相や官房長官に具体的な候補名を含めて伝えていたケースもあり、中曽根、竹下両内閣で元号担当だった的場順三元内政審議室長は「危機管理上、元号案が準備できていない状況は許されない」と明言する。

周到な準備とともに秘密保持にも腐心した。元担当者は元号案の管理に関し「部屋には暗証番号と鍵の両方で解錠できる専用金庫があり、番号は手書きのメモで後任に渡した」と証言する。考案者については、菅氏は2019年4月1日の「令和」発表の記者会見で「新元号と特定の個人の結び付きが強調されかねない」と公表を拒んだ。

古谷氏は令和選定前、副長官補経験者から「昭和天皇の逝去に伴う平成の改元と異なり、余裕を持って準備できるのではないか」と問われ「それはない」と即座に反論した。元号発表や改元の時期を巡り、さまざまな意見が出たのを踏まえ「時間がある分、調整事項が増えた」と語った。

なお専用金庫は古谷氏の在任中に、大型の新品に交換されたという。令和改元の端緒となった天皇退位に関する資料なども収納対象とし「従来のサイズでは資料が入らなくなってしまった」（政府関係者）ためだ。

情報公開法(6)制定前だった平成改元時の検討資料がきちんと残されていなかったことを念頭に、古谷氏は周囲にこう話した。「いつになるか分からないが、考案者が誰だったとか、物議を醸さないような形で、将来の担当者が公開してほしい。そういう願いを込めて、資料を残している」

元号選定作業は、安倍晋三首相による方針表明で一気に加速する。19年1月4日。毎年恒例の伊勢神宮参拝に臨み、国民に「新元号制定の年」を印象付けた。

2019年1月4日配信

## 新元号、現天皇が公布

### 首相、4月1日公表を表明　国民への影響最小限に　5月1日即位と同時改元

安倍晋三首相は4日、三重県伊勢市で年頭記者会見に臨み、5月1日の皇太子さまの新天皇即位に伴って改める新元号について「国民生活への影響を最小限に抑える観点から、先立って4月1日に発表する」と表明した。4月1日に改元政令を閣議決定して今の天皇陛下が速やかに公布され、5月1日の新天皇即位と同時に改元すると説明した。皇位継承前の新元号公表は憲政史上初めてとなる。

首相は「歴史的な皇位の継承を国民がこぞってことほぐことができるよう政府として準備に全力を尽くす」と強調した。

今回の改元は天皇の逝去ではなく、あらかじめ期日が定まった退位に基づいて行われる。天皇退位は1817年の光格天皇以来、約200年ぶり。「昭和」を受け継いだ「平成」は2019年4月30日で幕を閉じる。改元は新天皇即位と同時の5月1日午前0時とする。

新元号は「大化」(西暦645年)以来、248番目の元号で、1979年制定の元号法(7)に基づく改元は「平成」に続いて2例目となる。

公表日決定を受け、政府は新元号の選定作業を本格化させる。平成改元の方式を踏襲し、既に専門家数人に候補名の考案を委嘱し、複数の案を得ているとされる。

新元号は(1)国民の理想としてふさわしい良い意味を持つ(2)書きやすく、読みやすい(3)過去に使われていない―などの点に留意し、数個の「原案」に絞り込み、有識者懇談会での意見聴取などを経て最終決定する。

自民党保守派は「改元政令は新天皇が即位された後に公布すべきだ」と主張したが、政府は昨年末、官民の情報システム改修に1カ月の準備期間が必要とする最終調査結果をまとめ、今の天皇陛下の在位中に一連の手続きを終える方針を堅持した。

2019年1月4日配信

## 官邸と保守派せめぎ合い　首相板挟み、調整難航

新元号の公表日が4月1日に決まった。検討過程では、天皇陛下の代替わりという国家事業での失敗は許されない官邸側と、安倍晋三首相の支持層である保守派が伝統尊重を掲げてせめぎ合い、調整は難航を極めた。首相が双方の板挟みで苦悩した舞台裏を検証した。

▽直談判

「ほぼ200年ぶりの退位による皇位継承が行われる歴史的な1年の始まりに際し、身の引き締まる思いだ」。首相は4日、新元号の公表日を表明した三重県伊勢市での記者会見で、準備に万全を期す決意を強調した。

公表時期に関し、2017年6月に退位特例法が成立した頃は「自民党総裁選前の18年夏に公表し、十分な準備期間を確保する」（政府高官）案が官邸内で本命視されていた。これに異を唱えたのが神社本庁などの保守系団体とその支持を受ける自民党議員だ。

事前公表を認めれば、今の天皇陛下が新元号の政令を公布することになり、天皇と元号は「一体不可分」との伝統が崩れかねない。明治以降の終身在位制の例外となる退位にも否定的だったため、事前公表問題を「リベンジ戦」と位置付けた。

「6月に改元する方法があります」。昨年11月4日、首相が東京・明治神宮を訪れた際、保守派関係者が直談判した。改元の準備期間を確保しつつ、5月1日の新天皇即位後の政令公布とするため、施行を1カ月遅らせる「折衷案」だった。首相は「そうですね」と即座に否定しなかった。12年の党総裁選で再登板の道を開いてくれた保守派は「特別な存在」（周辺）との事情があった。

▽欠陥だらけ

ただ「6月1日改元案」は官邸内で一蹴される。退位日が決まっているのに、新天皇即位後に1カ月も「平成」を使い続けるのは行政の不作為として責任が問われる。官邸幹部は「元号決定を含め、何で

も天皇が関与できる大権が認められていた時代への『復古主義』だと批判される」と懸念した。

官邸が事前公表方針を堅持する中、劣勢の保守派が「最終防衛ライン」としたのが新天皇による政令公布だ。事前公表は容認する一方、公布は新天皇が即位後に行う「手続き分離論」を訴えた。しかし公布を即位まで意図的に遅らせれば、天皇の政治関与を禁じた憲法との整合性に疑念が生じる上、改元も5月2日にずれ込むため「欠陥だらけだ」（官邸筋）と支持は広がらなかった。

昨年12月18日。首相は自民党保守派の代表格である衛藤晟一《えとうせいいち》首相補佐官と官邸で向かい合う。衛藤氏は保守派と官邸のパイプ役を長年務め、その手腕を高く評価されてきた側近中の側近だ。

だが首相は「改元は5月1日だ」と分離論を採用しない意向を伝えた。周辺は「本心は思想信条が重なる衛藤氏の主張を聞きたくても、万が一にも新元号に傷が付く事態は避けたいとする政権トップの立場が上回った」と解説する。

▽ラストチャンス

4月11日が有力だった公表日が1日へ前倒しされたのも昨年末の土壇場だった。保守派が重視する4月10日の天皇陛下即位30年を祝う式典後とする案を首相と菅義偉官房長官は強く推した。「保守派に配慮を示すラストチャンス」（政権幹部）と期待したからだ。

官邸での検討会議では、世界中のパソコンで使用される米マイクロソフトの基本ソフト（OS）「ウィンドウズ」のプログラムが4月10日に更新日を迎え、11日の新元号公表では対応できず「海外にも波及する大問題となる可能性がある」との報告がなされた。上場企業の3月期決算作業が集中するタイミングと重なり、混乱が生じる恐れがあるとも指摘された。

首相は不満を隠さず、菅氏も「もう一度調べてくれないか」と再考を促したが、結局、結論は変わらなかった。

首相は盟友の麻生太郎副総理に「4月1日に公表しなければならない」と漏らす。麻生氏は「確かにおかしいと思いますが、陛下は国民の混乱を望まれていません。1日でいいじゃないですか」と寄り添い、最終判断を後押しした。

## [2]政府に仕え極秘任務

### ――選定支えた陰の立役者／学者ら賛辞、2018年他界

元号選定を長年にわたり、人知れず支え続けた政府職員がいた。候補名の考案を委嘱した学者らのもとに通い、会話を重ねる中で導き出された候補名を回収し続けた。だが2018年春、元号「令和」を見届けることなく他界した。「無事に決まったと伝えてやりたい」。陰の立役者に、委嘱された学者らは賛辞を贈った。

職員は尼子《あまこ》昭彦《あきひこ》氏。二松学舎大大学院で中国哲学を専攻し、数年前まで在籍していた国立公文書館でも公文書研究官として中国古典を担当した。亡くなった当時は60代。生前の様子を知る中央大の水上雅晴教授は「知識がありながら自分を必要以上に押し出さない控えめな方だった」と話す。

政府関係者は、公文書館での肩書は「仮の姿だった」と語り、元号選定に大きな役割を果たしていたと証言する。高山正也前館長も「前任の館長から秘密裏に元号関係の仕事をしていたと聞いていた」と明かす。

普段は公文書館で中国古典の研究や展示などに従事する一方、裏で元号という国家機密を扱う生活。「周囲に言えず、プレッシャーはどれほどだったのか」。高山氏は尼子氏の心中を推し量る。

ある政府関係者は尼子氏が「『平成』改元の様子も知っていた」と長く元号の選定に携わっていたと打ち明ける。実際、政府から考案依頼を受けた学習院大の小倉芳彦元学長（中国古代史）のところには04年4月、元号の事務を担当する伏屋和彦官房副長官補とともに訪れた。尼子氏は過去の元号一覧表を持参して、次の元号にふさわしい条件を説明。一方の小倉氏は発音した時の響きなどに独自の選定基準を設けて提示し、1年以上にわたって尼子氏と「こんな考えがある」とやりとりを繰り返した。

小倉氏は「熟慮に熟慮を重ね」、中国古典を由来とする幾つかの案を作り、候補名を伝えた。一連の作業が終わり、伏屋氏と最後にあいさつに訪れたのは06年1月。尼子氏との面会は10回に達した。「こういう縁の下

の仕事をやる人がいることに感心した。実務家として立派な方で尊敬する」。小倉氏は新たな時代を見ないまま亡くなった尼子氏を称賛する。

元号という特殊性から尼子氏の存在は今も厚いベールに包まれている。国立公文書館の加藤丈夫館長は「元号選定に関わる個人の名前が明らかになれば、不測の事態を招きかねない」と、詳細は明らかにしていない。

遅くとも平成の半ばには政府の動きを確認できる元号選定作業。「元号には特に関心はなかったが、関心を持たざるを得なくなったのは十数年前。正確に言うと、２００４（平成16）年からだ」。小倉氏は胸の奥にしまいこんでいた過去の記憶をたどる。

04年4月、元号選定を担当していた伏屋氏は小倉氏のもとを訪れた際、政府として次の元号の準備を進めていることを明かし、元号考案を極秘で依頼した。2度目の面会では尼子氏も同席。考案に向けた本格的なやりとりが始まる。隠密の面会を繰り返した後の06年1月。伏屋氏は尼子氏を引き連れて人事異動のあいさつに訪れる。小倉氏はその時の様子について「『元号案は金庫にしまって後任に引き継ぎます』というようなことを最後に言われた」と振り返る。

小倉氏の最大の疑問は「なぜ自分に考案を依頼したのか」という点だった。学習院大での在職中、当時学生だった皇太子さまが小倉氏の授業を受講したというが、特別に皇室との関わりが深いわけではなかった。元号についても、平成の出典に触れた論考を過去に1度書いたことがある程度で、強い思い入れがあるわけでもなかった。

結局、小倉氏は政府から正式な委嘱を受けず、苦心して考案した元号案は採用されなかった。政府から納得のいく理由を聞かされることはなく「誰がどういう網を張って私を考案者のリストに入れたのか」は今でも疑問のままだ。小倉氏は後に「委嘱から外れたら候補でも何でもなくなる。水面下での考案依頼とは、そういうことだろう」と語った。

## [3]考案者の条件 ——学界権威に白羽の矢／批判封じる狙いも

天皇の贈り名（追号）にもなる元号の考案者には、数多い学者の中から「学界の権威」に白羽の矢が立てられることが多い。批判を招かないように、権威の中でも文化勲章受章者、文化功労者、日本学士院会員(8)が主に対象となるのが慣例だ。「令和」改元を巡っては一時、こうした「称号3条件」にとらわれない人選が進んだが、出典について初の国書（日本古典）採用を求める安倍首相の意向が影響し、従来の称号重視に回帰した形跡がうかがえる。

「市井の大家では困る。文化勲章受章者や文化功労者から選ぶということだ」

元号が、現存する日本最古の歌集「万葉集」(9)を出典とした令和に決まった後、政府関係者は「考案者の条件」について、こう明かした。直後から専門家の間で、令和考案者は万葉集研究の第一人者で文化勲章受章者の中西進元大阪女子大学長（日本古典）との見方が浮上した。

「平成」改元時も、政府は3条件を重視して極秘裏に考案を依頼していた。

平成を考案した山本達郎東大名誉教授（東洋史学）と、市古貞次《いちこていじ》東大名誉教授（国文学）は、日本学士院会員で文化功労者。最終候補に残った「修文」考案者の目加田誠《めかだまこと》九州大名誉教授（中国文学）(10)も日本学士院会員だ。候補名を提出しながら改元前に死去した貝塚茂樹京大名誉教授（中国史学）、坂本太郎東大名誉教授（日本史学）は文化勲章受章者だった。

平成改元を踏まえ、元号選定の実務は、政府職員で国立公文書館公文書研究官の尼子氏が担った。中国哲学専門で日本中国学会に所属した。その知識を生かし、3条件に固執せず時間をかけて丁寧に学者を選んだ。

実際、正式委嘱を受けた石川忠久元二松学舎大学長（中国文学）、宇野茂彦中央大名誉教授（中国哲学）、正式委嘱はなかったものの元号案を提出していた小倉元学習院大学長は、いずれも3条件から外れている。

だが状況は変化したようだ。

令和選定から2～3年前。官邸サイドから元号担当の古谷官房副長官補に、漢籍（中国古典）から採用することが慣例になっていた元号の出典について「首相の本命は国書だ」との情報が入る。2018年夏ごろ、古谷氏が首相に直接、検討状況を報告すると「典拠に国書が入っているといい」と念押しされ、国書を選択肢に入れて本格的に検討する方針が固まった。

平成改元の際も国書からの採用を検討していたようだ。1984年6月に作成された政府文書「元号候補名考案者の選考について」では、考案者の基準を「国文学、漢文学、日本史学または東洋史学についての学識を有する者」とした上で、「ただし国文学および日本史学は近世以降の領域を対象外」と規定していた。当時の政府高官は「日本の古典からも良いものがあれば採用しようとの議論はあった」と説明する。

国書由来の元号が誕生するかもしれない素地は30年前からあった――。そういう中で、3条件に執着しない方針だった尼子氏が2018年春に他界。1300年以上にわたり、漢籍に由来する元号が続いた日本で、最終的に「歴史上初めて国書を典拠とする元号を決定した」（安倍首相）

2018年8月18日配信

## 新元号、日本古典も選択肢　政府、漢籍に加え出典検討　古事記や日本書紀候補か

政府が来年5月1日の新天皇即位に伴う改元を巡り、中国の古典（漢籍）から採用することが慣例となっている元号の出典に関し、日本の古典も選択肢に入れて検討していることが分かった。平成改元の際も中国文学や東洋史学に加え、ひそかに国文学の専門家へ新元号候補の考案を委嘱していた。古事記や日本書紀といった作品が候補になるとみられる。関係者が18日、明らかにした。

元号はもともと中国がルーツで、日本で最初に取り入れられたのは「大化の改新」で有名な飛鳥時代の「大化」。以来1300年以上にわたり、日本の元号は中国の古典が出典となり、日本の古典が採用された例はないとされる(11)。

専門家の間では「漢籍を出典とする慣例は一挙に変えられない」との見方が根強い一方、「日本古典にも素晴らしいものがある」として対象にすべきだとの声がある。

政府が平成改元時、極秘裏に考案を依頼した専門家の中には国文学専攻の市古貞次東大名誉教授（故人）が含まれており、関係者によると、日本古典を対象とする場合、室町時代以降の作品は元号候補の対象外とする条件も内部で設けていたという。

平成改元では最終案に残った「平成」「修文」「正化」の3案はいずれも「書経」や「易経」など中国の古典が出典だった。

## [4] 有識者懇談会　――円滑運営へ首相人脈駆使／人選に腐心、極秘要請

元号「令和」を巡り、政府は選定時に意見を聞く有識者懇談会メンバーの人選も極秘で進めた。安倍首相の

人脈を駆使して選び「安倍カラー」を打ち出すのに腐心した。政権と有識者の「あうんの呼吸」（政府関係者）で、円滑な会議運営と情報管理の徹底を両立させる狙いもあった。

2019年3月4日午前10時前。ノーベル医学生理学賞受賞者の山中伸弥京都大教授は、東京・丸の内のオフィスビルに入った。このビルの10階にある京大の東京オフィスで、元号選定の実務を仕切る古谷官房副長官補と面会し、懇談会への出席要請を受けるためだ。古谷氏には、部下で総務省出身の開出英之《かいでひでゆき》内閣官房内閣審議官が付き従った。

各界の代表を集めた「元号に関する懇談会」は計9人。政府が1989年1月の「平成」改元時の選定手続きを踏まえると決めた2019年2月8日以降、古谷、開出両氏はひそかに就任を打診するため、13日の鎌田薫前早稲田大総長を皮切りに、一人ずつ順番に回り始めた。その最後に訪れたのが前日の3月3日に東京マラソンを完走した山中氏だった。

元号は元号法に基づき内閣に決定権があるため、有識者の人選は「時の政権の好みが出る」（元官邸幹部）。平成選定時の前回、懇談会メンバーを務めた西原春夫元早稲田大総長は、自身が選ばれた理由について「小渕恵三官房長官が早大出身だった関係もある」と回顧する。

今回はNHK会長など前回と同じ肩書の報道機関代表3人を起用する一方、首相と交流がある重鎮や著名人を選んだ。榊原定征《さかきばらさだゆき》前経団連会長はアベノミクスの司令塔役を担う経済財政諮問会議の元民間議員で、休暇中にはゴルフを共にする仲だ。

「前回1人だった女性の数を増やしたい」。首相の意を酌み、政府の別の有識者会議で活動した経験を持つ直木賞作家の林真理子氏と宮崎緑千葉商科大教授を加えたのも今回の特徴だ。

元号選定には秘密保持の徹底が求められるほか、限られた時間内で懇談会を円滑に進める必要があるため、首相側と以心伝心の連携ができることも重要だった。

前回唯一の女性メンバーだった縫田曄子《ぬいたようこ》元国立婦人教育会館館長は「最初の発言者が『平成はいいね』と切り出した」と証言する。西原氏も当時の様子をこう振り返る。「1番目に説明を受けた平成が最有力候補だとすぐ思った。他のメンバーもそう受け取ったのではないか」

共同通信は、政府が19年3月4日午前、山中氏に有識者懇談会メンバーへの出席を極秘裏に打診したことをつかみ、その日の夕方午後6時22分、「有識者懇談会メンバー全容判明」のスクープを放つ。首相官邸周辺は騒然となった。

2019年3月4日配信

## 元号懇、山中教授起用検討　林真理子、宮崎緑氏も　政府、各界から人選

政府は新元号の原案に対する意見を聞く有識者懇談会のメンバーとして、ノーベル医学生理学賞受賞者の山中伸弥京都大教授を起用する方向で検討に入った。前回1人だった女性からは直木賞作家の林真理子氏、宮崎緑千葉商科大教授の2人を選ぶ見通しだ。各界から幅広く人選し、法曹界から寺田逸郎前最高裁長官、経済界から榊原定征前経団連会長が入るとみられる。関係者が4日、明らかにした。


教育界からは鎌田薫前早稲田大総長、マスコミ界から日本新聞協会会長の白石興二郎読売新聞グループ本社会長、上田良一NHK会長、民放連会長の大久保好男日本テレビ社長の3人が参加する見込みだ。

有識者懇談会は、政府の元号選定手続きに規定された選考過程の一つで、「平成」に改元した1989年1月にも開かれた。当時のメンバー8人の内訳は、マスコミ界3人、教育界2人、学識経験

者（文化勲章受章者）2人、女性評論家1人で構成されていた。

今回は女性が2人に増えるのに加え、前回は含まれなかった法曹界や経済界、文学界からも新たに参加することになりそうだ。菅義偉官房長官は2月8日の記者会見で「時代が変わっているので、必ずしも前回と同じところからではないのではないか」と語り、有識者の出身分野を変更する意向を示していた。

2019年3月4日配信

## 安倍政権との距離感重視

### 円滑運営へ手堅い選択

政府が検討に入った新元号に関する有識者懇談会のメンバー構成は、安倍政権との距離感が重視された結果と言えそうだ。安倍晋三首相と交流があり、別の有識者会議でも委員として活動した著名人を中心に選出。時間的制約がある中、秘密保持の徹底が求められる懇談会を円滑に運営するため、手堅い人選に腐心した形跡がうかがえる。

**▽国民の誇り**

過去の首相動静によると、2012年末の第2次政権発足以降、首相はノーベル賞受賞者の山中伸弥京都大教授と3回面会している。13年1月には官邸に招き、山中氏を「国民の誇り」と称賛。今年1月の施政方針演説では、山中氏が子どもの頃に1970年大阪万博を訪れて科学に魅了され、後のノーベル賞受賞につながったエピソードを紹介した。山中氏は2025年大阪万博の誘致活動で特使として活動した。

直木賞作家の林真理子氏は、20年東京五輪・パラリンピックを見据え、日本の伝統文化や芸術を海外に発信する「日本の美」総合プロジェクト懇談会のメンバー。宮崎緑千葉商科大教授は、天皇陛下の退位や「国家安全保障会議（NSC）」創設といった重要課題を検討する有識者会議で委員に起用された。

**▽重鎮**

各界からは、首相となじみがある重鎮の起用も検討されている。寺田逸郎前最高裁長官は14年3月に安倍内閣から指名され、三権の長として首相とともに各種行事に出席した。

榊原定征前経団連会長は、アベノミクスの司令塔役を担う「経済財政諮問会議」の民間議員を務めたほか、首相の賃上げ要請を受けた「官製春闘」で会員企業に前向きな対応を呼び掛けた。今年の正月も含め、休暇に首相とゴルフをするのも恒例行事となっている。

鎌田薫前早稲田大総長は、首相の意向を受けて13年1月に設置された教育再生実行会議の座長として、教育委員会改革などを主導した。

マスコミ界からは白石興二郎日本新聞協会会長、上田良一ＮＨＫ会長、大久保好男民放連会長が入る見通しだ。前回の1989年1月、「平成」に改元する際に開かれた懇談会でも同じ肩書の3人が選ばれており、前例を踏襲した形だ。

▽誘導

前回の懇談会で、有識者に提示された新元号の最終候補を記したペーパーは「平成」が先頭で「修文《しゅうぶん》」「正化《せいか》」の順番だった。説明役を務めた元号担当の的場順三内閣内政審議室長（当時）は、アルファベットで頭文字を表記すると、平成は「Ｈ」だが、修文と正化は昭和と同じ「Ｓ」となって紛らわしいと指摘。40分程度で終了した懇談会の議論は事実上、誘導されていた。

今回も有識者は4月1日当日に新元号の候補名を初めて見た後、短時間で意見を求められることになる。政府関係者は「積極的に議論する雰囲気にはなりにくい。ご意見は頂戴するが、この場で新元号を決めるわけではない」と語る。

## [5] 国会意見聴取　――秘密厳守、副議長猛反発／根回し不足で調整難航

元号「令和」の決定過程は必ずしも平たんではなかった。衆参両院の正副議長からの意見聴取を巡り、政府

が秘密厳守を強く求めたばかりに、野党出身の衆院副議長から「越権行為だ」と猛反発を受けた。国会との調整は難航し、政府の根回し不足が露呈した。

「携帯電話などは事前に預からせてほしい」「お手洗いに行く場合は担当者を同行させてほしい」。2019年2月19日。元号を決める4月1日の意見聴取について、政府の要望が書かれた資料を見た立憲民主党出身の赤松広隆衆院副議長は激怒した。「国会をばかにしているのか。ふざけるな。政府の言いなりにはならない」

意見聴取は政府の元号選定手続きに明記された正式な手順だ。だが情報漏えいを防ぐため、事前に知り得る立場の正副議長は元号発表まで室内にいてほしい―。これが政府の本音だが、赤松氏は「政府が国会に指示するのはおかしい。中座するぞ」とまで言い放っていた。

赤松氏の言動を伝え聞いた菅官房長官は電話で理解を求めたが「口論に発展して逆効果だった」（国会関係者）。事態を重く見た自民党出身の大島理森《おおしまただもり》衆院議長は赤松氏との協議を断続的に重ねた。

大島氏は（1）政府が当初想定した国会本館の常任委員長室(12)ではなく、衆院議長公邸(13)を意見聴取の会場とする（2）聴取後に昼食を取りながら待つ―を提案し、赤松氏は了承した。三権分立の観点から国会の自主判断を強調する狙いもあり、大島氏は菅氏に「情報管理は正副議長が主体的に決めたい」との旨を伝えた。

「平成」改元時の様子を知る参院事務局ＯＢによると、当時の小渕官房長官が「他言無用でお願いしたい」と言い残して常任委員長室を出た後、社会党出身の瀬谷英行《せやひでゆき》参院副議長が「政治家は口が軽いと思われている。痛くもない腹を探られるのは嫌だ」と訴え、室内にとどまるよう提案した。

瀬谷氏らは全員室内に残り、小渕氏が平成を発表する記者会見をテレビ中継で見届けた。「聴取前には室内に隠しマイクや録音機が仕掛けられていないかどうか事前確認を徹底した」（元衆院事務局幹部）との証言もある。

４月１日当日の意見聴取の冒頭、赤松氏は「20年、30年後に生前退位が再びあった時の前例になる」と菅氏に迫り、最終的に菅氏が正副議長に謝罪し、要請を撤回した。

衆院関係者は「大島氏が政府側に助け舟を出したから事なきを得た。根回し不足は明らかだ」と指摘。首相官邸と赤松氏の間に入り、水面下で調整に当たった大島氏は「政府の最初の伝え方がまずかった。気分は良くない」と周辺に不快感を示した。

２０１９年４月１日配信

## 新元号「令和」　出典は万葉集、国書初　政府、原案六つから決定

即日公布、５月１日施行　憲政史上初の事前公表

政府は１日、臨時閣議を開き「平成」に代わる新元号を「令和《れいわ》」と決定した。４月30日に退位される天皇陛下が改元政令に署名、公布された。皇太子さまが新天皇に即位する５月１日午前０時に施行される。皇位継承前の新元号公表は憲政史上初。出典は現存する日本最古の歌集「万葉集」で、中国古典でなく国書（日本古典）から採用したのは確認できる限り、初めて。閣議決定後、宮内庁を通じて天皇陛下と皇太子さまに新元号を報告した。政権幹部によると、原案は六つだった。

新元号は菅義偉官房長官が記者会見で発表。典拠は「初春令月、気淑風和、梅披鏡前之粉、蘭薫珮後之香（初春の令月にして、気淑く風和ぎ、梅は鏡前の粉を披き、蘭は珮後の香を薫らす）」。安倍晋三首相は会見で「人々が美しく心を寄せ合う中で文化が生まれ育つという意味が込められている」と述べた。

令和は「大化」（６４５年）から数えて２４８番目で、１９７９年制定の元号法に基づく元号としては「平成」に続いて２例目となる。政府は施行に向け、国民への周知作業に着手した。情報システムの改修も急ぐ。

改元は天皇一代に一つの元号とする「一世一元」

制が採用された明治以降、天皇逝去に伴う皇位継承時に行われてきた。今回は退位特例法に基づき、逝去によらない改元となる。

政府は「令和」の考案者を公表せず、安倍首相は決定過程に関する公文書を30年間は非公開とする方針を表明した。「考案された方々の名誉もあるので30年という時は必要だ」と述べた。

政府関係者によると、1日の選定手続きに示した原案には、日中双方の古典を典拠とした案がそれぞれ複数あった。アルファベットの頭文字で表示した際の「明治、大正、昭和、平成」との混同を避けるため、事前に「M、T、S、H」が頭文字となる案は除いた。令和の頭文字はR。

元号選定手続きは平成改元時を基本的に踏襲した。政府は新元号候補名の考案を依頼する専門家数人を「国文学、漢文学、日本史学、東洋史学」の分野から選び、3月14日付で正式委嘱した。

1日にはノーベル賞受賞者の山中伸弥京都大教授ら有識者9人による「元号に関する懇談会」を官邸で開いて意見を聞き、衆参両院の正副議長の意見も聴取して改元政令を閣議決定した。

首相は1月の記者会見で、4月1日に事前公表すると表明した。

2019年4月1日配信

## 首相、当初から国書本命

### 前例踏まず保守信条反映

中国古典を典拠にしてきた元号が、初めて国書（日本古典）から選ばれた。安倍晋三首相は出典を国書とする案を当初から「本命」に据え、前例にとらわれずに日本の歴史や文化を重視する保守的な信条を反映させた。新元号決定の舞台裏を探った。

▽一番人気

「若者たちが大きな花を咲かせ、希望に満ちあふれた日本を造り上げたい」。首相は1日の記者会見で、万葉集の一節から選んだ「令和」と、次世代を担う若者への期待を重ね合わせた。万葉集を「わが国の豊かな国民文化と長い伝統を象徴する国書だ」と強調し、国書採用を求めた保守派への配慮もにじませた。

官邸会見室の背景には「祝福ムード演出」（政府関係者）のため赤色のカーテン(14)を配置する周到な準備で臨んだ。

政府は1日の臨時閣議に先立つ有識者懇談会で、国書だけでなく、中国古典も加えた計6案の候補名を五十音順で提示した。前回の「平成」改元時は、本命の平成を最初に説明し計3案を示したのと比べて「丁寧な手続き」（官邸筋）を踏むためだった。

有識者懇談会では、国書を推す意見が大勢で、中でも「令和」は「読みやすい」「親しみやすい」と高評価が相次いだ。作家の林真理子氏は「一番人気があった」と明かした。一方で衆参両院の正副議長への意見聴取に参加した一人は「命令の『令』だから、ありえない」と不快感を示した。

全閣僚会議では首相自ら「古事記や万葉集など国書の中から出すべきだ。令和でいいのではないか」と議論を収め、閣議決定に至った。

▽時流

「国書がいいよね。『記紀万葉』から始まるんだよね」。首相は昨年末、古事記や万葉集を例示しながら日本古典を典拠とする意欲を側近議員に漏らした。

年末年始に読んだという百田尚樹氏のベストセラー「日本国紀」にも万葉集は登場する。天皇や豪族に加え一般庶民が詠んだ歌を収めた「世界に誇るべき古典、文化遺産だ」と絶賛する内容だった。政権幹部は「日本の漢字文化は中国より下だと見る必要はない。首相は国書採用が時流だと考えていた」と証言する。

とりわけ令和の「和」は、首相のこだわりが強い言葉だ。聖徳太子の十七条憲法(15)の一節「以和為貴（和をもって貴しとなす）」にも登場し、2013年4月の日本記者クラブの会見で墨書し、美術展に直筆の色紙を出展した経緯もある。首相は「和」の精神について「日本人は欧米発の民主主義を明治期にうまく受け入れた」と周辺に語っていた。

▽俗用の壁

首相の「日本古典が本命」との意向は、古谷一之官房副長官補を筆頭とする元号担当チームに「2～3年前」（官邸筋）には伝わっていた。

1300年以上続く元号の歴史の中で、国書から選ばれた例は確認されていない。国書は漢文で書かれても「元をたどれば中国古典を引用した『孫引き』が多い」（国文学者）との評価が一般的だったからだ。

政府は、現代に近い作品は評価が分かれるため「室町時代以前」との基準を設定。元号が中国古典からの孫引きでも「漢字2文字を国書の一節からうまく選べれば構わない」（関係者）として排除しない方針とした。

元号の選定基準には「俗用されていない」との「壁」もあった。平成改元時は地方の焼き肉店や中華料理店まで調べ上げたとされる。今回は「令和」が人名に使われていることを事前に確認していたが「俗用されていることよりも良い意味を重視した」（古谷氏）とハードルを下げた。

首相は1日夕の自民党役員会で国民への定着に自信を見せた。「若い人だって元号にものすごく関心がある。ツイッターやインスタグラムで取り上げている」

## ［6］天皇陛下、皇太子さまへの連絡 ――「令和」伝達に綿密計画／事前報告、飛び交う臆測

元号「令和」は、首相官邸から宮内庁を通じ、天皇陛下と皇太子さまに伝えられた。政府は閣議決定から菅官房長官の発表までに、速やかに伝達できるよう綿密な計画を練った。安倍首相が決定前、2人と面会した際に令和を報告したとの臆測も飛び交う。

2019年4月1日午前11時25分。令和への改元政令を決める臨時閣議が終わり、26分に事務方トップの杉田和博官房副長官が山本信一郎宮内庁長官に「元号は令和、出典は『万葉集』だ。陛下、皇太子殿下にお伝え願いたい」と電話連絡した。

山本氏は東宮御所にいた西村泰彦宮内庁次長に杉田氏の報告を電話で伝え、山本氏が陛下、西村氏が皇太子さまにそれぞれ面会して令和を知らせた。40分までに山本、西村両氏が杉田氏に伝達完了と回答した。

1分後の41分。菅氏が記者会見で墨書を掲げて令和を発表した。30分開始予定の会見が11分遅れたことについて、政権幹部は「お二人に伝わるまで会見の開始を待った。陛下よりも皇太子さまに早く連絡が届いたようだ」と明かす。

首相を支持する保守派は、天皇と元号が「一体不可分」として、発表より前にお二人に伝えるべきだと主張。事前伝達の背景には、こうした配慮があったのは間違いない。

改元政令を載せた車は11時28分に官邸を出発し、36分に陛下の住まいの皇居・御所に到着した。書類を運んだのは総務省出身の原邦彰内閣総務官。政府関係者によると、陛下が政令に署名されたのは50分すぎだという。首相は19年2月22日と3月29日、皇太子さまと面会した。「関係を深めたいとの強い思い」（周辺）から出た異例の対応だ。元号は皇太子さまの贈り名（追号）にもなるだけに、「礼儀」として事前に伝えたのではないかとの臆測も呼んだ。

ただ仮に、首相が次の元号を事前に伝えた場合「皇太子さまが選定過程に関与したなどと、あらぬ疑いを招きかねない」（内閣法制局幹部）。天皇は国政に関する権能を持たないとする憲法上の規定があるからだ。杉田氏も「事前伝達はあり得ない」と完全否定する。

これに対し、官邸筋は「令和が最終原案に入ったのは3月29日だ」と明かした上で「首相は『原案の六つから選ぶ』と直接言ったのではないか」と推測する。

1989年1月に昭和天皇が亡くなったことに伴って改元した「平成」はいつ、どのように陛下に伝わったのか。令和選定に携わった内閣官房幹部がひそかに、部下を通じて当時の担当者に尋ねると、相手は「その件は言いたくない」と押し黙ったという。

2019年4月1日配信

## 考案者は中西進氏か　万葉集の専門家　公表前、取材に否定

新元号の考案を政府から委嘱され「令和」を提出したのは、文化勲章受章者で国際日本文化研究センター名誉教授の中西進氏との見方が1日、専門家の間で浮上した。中西氏は共同通信の取材に、当初は明言を避けていたが、公表が近づいた3月上旬になって「私は関係していない」と否定している。

中西氏は東大大学院修了。万葉集が専門で大阪女子大学長や京都市立芸大学長などを歴任した。2013年に文化勲章を受章。著書に「万葉集の比較文学的研究」「日本文学と漢詩」などがあり、日本古典と中国古典双方に詳しいとして研究者の間で評価が高い。

坂本信幸奈良女子大名誉教授は「万葉集が出典なので中西氏ではないか。若い頃から万葉集を中心に日中の比較文学研究をしていた」と指摘した。別の日本古典の専門家も令和が漢文で書かれた部分から引用されたことを受け、「漢籍に知識のある万葉集の大家といえば、そうはいない」として中西氏が考案者だと示唆した。

中西氏は昨年10月の共同通信の取材に対し、委嘱の有無について「どうだろうね」と確認を避けた。今年2月には「何をどう考えたとかは言えない」としていたが、3月上旬に入り「私は関係ない」と否定するようになった。

2019年4月1日配信

## 元号考案、石川氏へ委嘱　和貴、万和など十数案　政府入手、小倉氏も

「平成」に代わる新元号の考案を巡り、政府が二松学舎大元学長の石川忠久氏＝中国古典＝に正式委嘱し「和貴《わき》」「万和《ばんな》」「光風《こうふう》」など十数案の候補名を得ていたことが分かった。政府で新元号選定を担当

した古谷一之内閣官房副長官補が3月14日付の手紙で依頼した。関係者が1日、明らかにした。

学習院大元学長の小倉芳彦氏＝中国古代史＝も共同通信の取材に、政府から考案の依頼を受けたと証言した。

関係者によると、以前から政府内で元号に関する事務を担当する男性職員が石川氏に候補名を考案するよう接触を重ね、2017年夏までに候補名を入手した。それぞれA4サイズの紙に毛筆で候補名と典拠、読み仮名が記されていた。

和貴の典拠は聖徳太子が定めたとされる十七条憲法の「和をもって貴しとなす」。万和は文選《もんぜん》、光風は楚辞を典拠としているほか、古事記を基に考案した案もあるという。

一方、小倉氏によると、04年4月ごろ、当時の官房副長官補が候補名の考案を依頼するため自宅を訪れた。小倉氏は1年以上、政府側とやりとりを重ねた上で候補名を提出したが、古谷氏から正式に委嘱する手紙は届かなかったとしている。小倉氏は候補名の詳細を明らかにしていない。

政府は元号の考案者について「本人が秘匿を希望しているのに加え、明らかにすれば、誰がどのような元号の候補名を考案したかを詮索されるため適当ではない」として氏名を明らかにしない考えを示している。

石川氏は東大文学部中国文学科卒で、桜美林大教授、二松学舎大学長を歴任。小倉氏は東大文学部東洋史学科卒で、学習院女子短期大や学習院大で学長を務めた。

## [7] 発表者 ――「新たな時代の顔」に／にじむレガシーへの羨望

元号発表はインパクトが大きく、その発表者は「平成」の書を掲げて有名になった小渕元官房長官のように「新たな時代の顔」にもなる。「令和」発表も前例に倣い、菅官房長官が歴史的な役割を担ったが、直後に安倍首相が記者会見し、自ら談話を読み上げるという新たな場面を加えた。レガシー（政治的遺産）への羨望がにじむ。

「一人一人の日本人が明日への希望とともに、それぞれの花を大きく咲かせることができる時代を築き上げたい」

２０１９年4月1日。首相は17分間にわたって会見し、働き方改革や看板政策の「1億総活躍社会」[16]に触れながら、令和への思いを語った。

夕方から夜にかけ、テレビ番組に連続出演し「ほっとした」「令和は新鮮で明るい時代につながるような印象を受けた」と説明した。共同通信が4月1、2両日に実施した世論調査によると、内閣支持率は3月の前回調査比９・５ポイント増の52・8％と大きく上昇した。政府関係者からは「『令和解散』[17]とかあったりして」などと浮かれた声も上がった。

16年8月、天皇陛下が退位をにじませるメッセージを公表した後、官邸サイドには周囲から「首相は発表者になりたいはずだ」と、暗に首相が発表する形式を検討するよう求める意見が寄せられた。首相の補佐役に徹することを信条とする菅氏は、首相の判断に従う意向を示した。

最終的に自らも表舞台に出ることを決めた首相は「重大な発表なので、私自身が国民に向かって説明すべきだと判断した」と理由を述べた。首相に近い八木秀次麗沢大教授は「新元号発表まで首相が行うと厚かましいと言われる。官房長官が発表した後に、首相が新元号に込めた思いを語ったのは、うまいやり方だった」と称賛した。

令和発表から約30年前。小渕氏は「平成おじさん」ともてはやされた。一躍、時の人になり、その後、首相に上り詰めた。発表場面のイラストを入れたテレホンカードを５００枚つくり、親しい人に配ったりもした。当時の竹下登首相は談話を出したが、小渕氏が読み上げたため、表に出ることはなかった。

首席内閣参事官（現内閣総務官）だった古川貞二郎元官房副長官は「竹下氏が発表してもよかったと思うが、

当時は発表スタイルについて議論がなかった」と振り返る。竹下氏は後に「私は名前が残ったが、小渕は顔が残った」と漏らした。

2019年4月2日配信

## 元号原案「英弘」「久化」　広至、万和、万保も　政府提示の六つ全て判明

政府が「元号に関する懇談会」の有識者や全閣僚会議などに示した六つの原案は、新元号に決まった「令和」のほか「英弘《えいこう》」「久化《きゅうか》」「広至《こうし》」「万和《ばんな》」「万保《ばんぽう》」だったことが分かった。このうち万和は二松学舎大元学長の石川忠久氏＝中国古典＝が考案した。関係者が2日、明らかにした。政府は令和以外の原案に関し、考案者も含めて明らかにしていない。

選定経緯を巡り、菅義偉官房長官を中心に候補名の絞り込み作業を約2カ月前から始めていたことも判明。有識者懇談会などで提示した原案は、約1週間前に事実上確定させていた。

令和の考案者は、文化勲章受章者で国際日本文化研究センター名誉教授の中西進氏＝日本古典＝との見方が専門家の間で浮上している。菅氏は2日の記者会見で「考案者が秘匿を希望しているのに加え、明らかにすれば詮索されるので、公表を差し控える」と述べた。

石川氏は万和に加え「和貴《わき》」「成教《せいきょう》」「正同《しょうどう》」「貞文《ていぶん》」「貞久《ていきゅう》」「弘国《こうこく》」「弘大《こうだい》」「泰通《たいとう》」「泰元《たいげん》」「豊楽《ほうらく》」「光風《こうふう》」「中同《ちゅうどう》」の計13案を提出していた。

2019年4月4日配信

## 平和の願い込めた「万和」　考案した石川氏異例証言

政府が新元号の最終候補とした六つの原案のうちの一つ「万和」を考案した二松学舎大元学長の石川

忠久氏＝中国古典＝が4日までに共同通信の取材に応じ、万和に「平和への願いを込めた」と明らかにした。新元号「令和」については「ふさわしい」と評価した。元号考案者の証言は極めて異例。

　万和の典拠は中国古典の文選にある「奏陶唐氏之舞、聴葛天氏之歌、千人唱万人和」（いにしえの聖天子の舞いや歌を歌うと多勢の人が唱和する）との一節としている。

　石川氏は1932年生まれで、幼少から満州で過ごした。終戦当時は中学生で帰国するまでの約1年間、中国で足止めされ、家族の食費を稼ぐために炭鉱で働いた。「いつ日本に戻れるか分からず、先が見えない生活で閉塞感があった。自分だけでなく、戦争でみんなつらい思いをした」と当時を振り返る。


典拠の一節には、音楽や舞を人々が謳歌するという極めてめでたい意味があると解説。自らの体験を踏まえ、こうした音楽や舞を楽しめるような平和な時代になってほしいとの願いを込め、万と和の字を組み合わせたという。

　今回、出典に国書（日本古典）が初採用されたことについて「新しい時代にふさわしい自由な発想だ」と指摘。また新元号の令には良いという意味、和にはまとまった状態との意味があるとして「めでたい言葉で元号にふさわしい」との見解を示した。

　石川氏は万和に加え「和貴」「光風」「豊楽」など計13の案を、政府から渡されたA4判の紙に毛筆でそれぞれの出典、引用文、意味をしたため提出した。

## [8] 改元ムード ——緊迫の平成と様変わり／逝去伴わず政治ショー化

天皇退位に伴う元号「令和」への改元は、昭和天皇の長い闘病の末の逝去と一体になって緊迫した「平成」改元とはムードが一変した。政府は２０１９年４月１日の元号発表日から逆算して入念に準備を進めた。「新時代」への期待やお祝い意識を高めようと演出を施し、「政治ショー」の色彩も帯びた。

発表を控えた3月28日夜。首相官邸の記者会見室で、職員によるリハーサルが1時間半続いた。政府関係者は「菅官房長官の立ち位置や墨書の掲げ方、カメラ写りを確認した」と打ち明ける。発表前日の31日夜には、菅氏自身が会見室をひそかに訪れ、平成と記された書を使って、本番さながら、掲げる練習を入念に実施した。

16年8月、天皇陛下が退位の意向をにじませたビデオメッセージを公表し、江戸時代の光格天皇以来、約200年ぶりの退位に基づく改元となった。

平成改元に携わった石原信雄元官房副長官は「オープンな議論ができる。前回とは全く事情が違う」と指摘した。1988年9月に昭和天皇は大量吐血して病状が悪化し、改元に向けた準備は極秘で進んだ。当時の様子を石原氏は「逝去を前提に作業しているとは言えず、緊張の連続だった」と語る。

元号選定に当たって政府が意見を聞く有識者懇談会のメンバーも緊張の日々を強いられた。縫田元国立婦人教育会館館長は「常に携帯ラジオを持ち歩いてニュースを確認した。当時は携帯電話がなかったから、連絡がつくかどうかに不安があった」と振り返る。海外旅行などを控えるよう「禁足令」が出され、近場の旅行にさえスーツと靴を携えて出かけたメンバーもいた。

天皇退位に基づく改元は、インターネット上や企業による元号の事前予想イベントが相次ぐなど、社会の関心を集めた。安倍首相は2019年1月4日、三重県伊勢市の伊勢神宮を参拝後、年頭記者会見で元号を4月1日に発表すると表明し「改元年」を印象付けた。「歴史的な皇位の継承を国民がこぞってことほぐことができるよう、準備に全力を尽くす」と宣言した。

政府はネット発信も強化した。会員制交流サイト（SNS）や動画投稿サイトでの発表生中継を告知して当日までの残り日数をカウントダウン形式で表示し、盛り上げに躍起となった。

「当日はつむぎを着ます」。発表前日、鹿児島県・奄美大島の伝統的織物「大島紬」の業界団体代表に、普及の大使を務める宮崎千葉商科大教授から連絡が入った。有識者懇談会メンバーの宮崎氏は4月1日、ひときわ目立つ白の着物と羽織で官邸に登場し、平成改元時とは違う雰囲気を漂わせた。懇談会で顔を合わせた直木賞作家の林氏は「宮崎さん、今回のためにわざわざ着物をおつくりになったの」と驚きを見せた。

平成のスタイルを踏襲した菅氏による元号発表が終わると、前日に散髪を済ませた首相が会見場に姿を現した。立て掛けられた墨書の横に立ち、国民的人気を集めたアイドルグループ「SMAP」(16年解散)によるヒット曲「世界に一つだけの花」(03年発売)を持ち出しながら、令和の解説に熱を入れた。

2019年4月8日配信

## 慣例破られた出典　中国哲学専門家らに衝撃

新元号「令和」の出典は現存する日本最古の歌集「万葉集」で、初めて国書(日本古典)から引用された。中国発祥の元号は儒教の経典から選ばれるのが慣例だ。考案委嘱先の有力候補とされてきた中国哲学専門家らの間には「元号はもう漢籍(中国古典)からは選ばれないのではないか」と衝撃が広がっている。

▽定説

元号は権力者が領土のみならず、時間をも支配するとの考えに基づいて始まった。堀池信夫筑波大名誉教授(中国哲学)は「儒教は漢代以降、皇帝の統治をサポートするための学問となった。元号は国や政治をどうしていくかという思想が込められたもので、深い関係がある」と指摘する。

これまで元号の出典は儒教の経典である書経が最も多く、35回引用され、易経が27回で続く。平成改元時は国書を出典とする案も検討されたが、最終候補には入らなかった。

田中一成東大名誉教授(中国文学)は「日本人が

作った漢文の多くは文学だ。風景や心を表現しているので元号の出典にはふさわしくない」と強調していた。

▽除外

「国文学、漢文学、日本史学、東洋史学などについての学識を有する方の中から（選んで）委嘱する」。3月13日、内閣官房の担当者が国会で元号考案者について答弁した。中国哲学への言及がなかったことに専門家の間で不安がよぎった。

結局、新元号は万葉集を典拠とする令和に決まった。有識者懇談会では全員が国書からの採用に賛同。安倍晋三首相は令和の印象について「今までの漢籍を典拠としたものと違い、情景が浮かぶ」と語った。「漢籍は上から目線だ」（政府関係者）との感想も漏れた。

▽苦言

堀池氏は「がっかりした。今後は漢字2字なら何でもいいとなるのではないか」と語る。

宇野茂彦中央大名誉教授（中国哲学）は新元号発表後、記者団に「従来は書経など内容の良い文章から取ってきた。日本古典にそういうものはない」と断言した。

中国哲学の泰斗で平成改元時の考案者でもある故宇野精一氏を父に持つ茂彦氏は「中国のものを避けるべきだとの意見があるようだが、大変な間違いだ。やめるなら漢字もやめなければいけない」と苦言を呈した。

一方、政府関係者はささやく。「これでもう中国古典から選ばれることはない。国書の前例ができた」

## [9] 絶対秘密主義 ――元号は「神聖不可侵」／政権幹部「国力試される」

安倍政権は元号「令和」の選定過程や考案者を明かさない「絶対秘密主義」を貫く。天皇の贈り名（追号）にもなる「神聖不可侵」なものと見なし、元号と考案者が結び付くことを警戒した。その背景には「『秘密保持』

は国力が試される」と考える政権側の緊迫感があった。

「本日（2019年）3月14日付で、正式の委嘱手続きをとらせていただきました」。政府が考案を依頼した複数の専門家のもとに、元号担当の古谷官房副長官補から書簡が届いた。「今後、マスコミなどの取材が激しくなることが予想されますが、政府から先生のお名前を公表することは決してございません」と暗に秘密保持も求めた。

4月1日夜以降、令和考案者は中西元大阪女子大学長との見方が浮上した。だが菅官房長官は「詮索されるのは適当でない」と確認を避けた。政府内には、考案者を公表すれば「国民の元号ではなく、考案者のものとなりかねない」（官邸幹部）との懸念があった。万が一問題が発生すれば、元号そのものに傷が付く事態も否めないからだ。

政権幹部は「外国では秘密を隠し通せることが国力を示す一つの指標になる。元号の秘密を守れるのかどうか。ここで首相官邸の力が試されると思った」と述懐。「組閣や内閣改造の際に、閣僚名簿が事前にメディアに漏れてしまうのとレベルが全然違う。新元号が漏えいし、官邸の力が弱っていると思われるのが嫌だった」とも語り、元号の秘密厳守が政権の至上命題だったことがうかがえる。

政府は令和だけでなく「平成」の考案者も明かさず、いまだに論争の的だ。当時の元号担当、的場元内閣内政審議室長は、15年発行の著書「日本の7つの大問題」で「考案したのは東大名誉教授の山本達郎先生」と初めて公表した。山本氏の義理の息子で元最高裁判事の福田博氏も「平成が発表された瞬間、両親は顔を見合わせていた」と思い出す。

ただ歴代首相の指南役だった陽明学者の安岡正篤《やすおかまさひろ》が先に提案していたとの説も根強い。安岡正篤記念館（埼玉県嵐山町）の荒井桂所長は「安岡先生が1983年に亡くなる前に官邸側に渡した案だ。物故者の案は縁起が悪いので山本先生が発案したことにしたと聞いている」と証言。安岡の孫の定子氏も「改元当時の竹下首相と仲が良かった。間違いない」と断言する。山本氏は自らが平成の考案者であるかどうかを明かさず、沈黙したまま、２００１年に亡くなった。「生みの親」は謎のまま残ったが、今回の令和は少し事情が違う。

19年４月12日、中西氏は毎月恒例の勉強会「中野万葉会」を東京都内で開いた。中西氏を取り上げた新聞記事の切り抜きを持参する人や、著書にサインを求める人の姿もあり、満席となった会場内は異様な熱気に包まれた。

「今日は元号の話をします」。中西氏はゆっくりとマイクを握り、こう切り出した。「あまりにも誤解が多すぎる。一個人として感想を述べる」とした上で「令」は「発音が美しい」と評価。命令の意味があるとの見解については「こじつけだ。令嬢や令夫人などと同様に『和』を形容する意味に取るのが普通だ」と説明した。出典に関しても詳しく解説しつつ「同姓同名の中西進という人が考案者とされている」と何度も発言。１時間半の講座を全て元号に費やした。

５月発売の月刊誌「文芸春秋」では「典拠としては国書である万葉集が良いと考えた。令に勝る文字はないと中西という人は思っていた」と明かした。元号案作成に当たり「書きやすい、画数が少ないなど、何年か前から、いろいろな条件を伝えられた中西は役人に使役されていた」とも振り返り、事実上考案者だと認めた。

２０１９年４月９日配信

## 考案者とみられる中西進氏　元号、過去何度も言及　政府説明に疑問の声も

新元号「令和」の考案者との見方が専門家の間で浮上している中西進大阪女子大元学長は万葉集研究の第一人者で、過去何度も元号に言及していた。経歴、実績ともに申し分なく「中西考案説」は揺るが

ないが、出典は万葉集だけとする政府の説明には疑問の声も上がる。親しい学者の証言などから実像に迫った。

▽早熟の天才

中西氏は1929年生まれ。東大文学部卒で、東大大学院博士課程を修了した。国際日本文化研究センター教授や京都市立芸術大学長を歴任し、2013年に文化勲章を受章。著書に「日本文学と漢詩」など多数があり、国書（日本古典）と漢籍（中国古典）双方に精通している。

中西氏の若手研究者時代について、川上富吉大妻女子大名誉教授＝上代文学＝は「ずっと連続して論文を発表していた。非常に勉強家だった」と振り返る。

国文学専攻の多田一臣東大名誉教授も「早熟の天才」と称賛する。万葉集の歌の理解で彼の右に出る者はいないとしているほか、学術上優れた論文に贈られる日本学士院賞を40歳で受賞したことに「国文学の世界ではあり得ない偉業」と話す。

▽著名人と親交

学術の世界にとどまらず活動の幅を広げるようになったのは、成城大教授になった頃からだ。中西氏の指導の下、成城大大学院生として学んだ国学院大の辰巳正明名誉教授＝上代文学＝は、学会や一般向けの講演会、講座で忙しくしていたことを覚えている。「当時そういうスタイルは珍しく、売れっ子学者のはしりだった」。以来、一般向けの著書を多く出版するなど文化人としての活動が多くなり、最近ではＪＲ東海の葛西敬之名誉会長や政治家ら著名人との親交もあった。

▽高等な課題

中西氏は令和考案を否定しているものの、以前から元号について発信を繰り返していた。今年1月には出版社が発行するＰＲ誌で「改元とは歴史的な見地から良質で高等な課題。御代への敬愛こそが、年数の基準となったのは当然」と記したほか、同月の共同通信の取材に「日本において元号は非常に重要なもの」と指摘していた。新元号発表後には、著書を出版する筑摩書房に「万葉集は令《うるわ》しく平和に生きる日本人の原点」とのコメントを寄せた。

一方、令和の典拠を政府が「万葉集のみ」と限定して説明していることには異論がある。

川上名誉教授は万葉集に先行する漢籍「文選」に

類似の文章があるとし「国書、漢籍ともに詳しい中西氏が、その文章の存在を知らないはずはない」と指摘し「出典を万葉集だけとしたのは、国書にこだわる官邸が文選を出典から外したからではないか」と疑問を抱く。

2019年8月5日配信

## 新元号、宇野氏が4案提出　英弘、久化、広至、万保

### 令和は中西氏、全容判明　国書、漢籍出典各三つ

政府が新元号を4月に決める際に有識者懇談会などへ示した最終候補6案の考案者と出典の全容が判明した。「英弘」「久化」「広至」「万保」の四つは宇野茂彦中央大名誉教授（中国哲学）が提出。「令和」は中西進大阪女子大元学長（日本古典）、「万和」は石川忠久二松学舎大元学長（中国古典）と確定した。出典は国書（日本古典）と漢籍（中国古典）が各三つだった。政府関係者が5日、明らかにした。

政府は令和の名称と出典を除き、考案者を含めて原案を一切公表していない。中西氏は既に令和の考案者だと事実上認めているが、政府側も追認した形だ。

関係者によると、英弘は「古事記」の中から天武天皇の業績に関する一節、久化は「明治」「大正」の出典と同じ漢籍「易経」からそれぞれ引用した。広至は「日本書紀」と「続日本紀」、万保は中国最古の詩集「詩経」だった。

英弘の出典は当初、日本書紀との説もあったが、その後の取材で古事記だと分かった。欽明天皇の発言に関する日本書紀の一節が典拠とされた広至は、続日本紀からも引用していた。

万和は石川氏が考案し、「平成」の典拠にもなった漢籍「史記」の「五帝本紀」から採用した。石川氏は当初、取材に漢籍「文選」からの一節と説明していたが、その後の政府側との調整で五帝本紀に正式決定した。

## [10] 保守派と天皇 ――首相、政令公布で禍根／支持基盤への説得難航

安倍首相は改元政令の公布を巡り、自らの支持基盤である保守派との調整に腐心した。天皇と元号の一体性を重視し、新天皇による公布に固執した保守派への説得は難航した。最終的に憲法との兼ね合いから天皇陛下（現上皇さま）による公布を決断した。保守派には不満が残り、将来に禍根を残した。

「本当は保守派の皆さんの案が一番いいと思ったんだよね」。首相は2019年1月4日、三重県伊勢市の伊勢神宮参拝の道中で側近の衛藤晟一首相補佐官につぶやいた。この日の記者会見で4月1日の新元号公表に加え、陛下が在位中に改元政令を公布すると表明したが、本音は保守派と同じ「新天皇即位後の公布」だった。

18年12月19日夜、首相はザンビア大統領との夕食会を終えると、自民党保守派の代表格でもある衛藤氏や木原稔元財務副大臣らをひそかに公邸へ招き入れた。衛藤氏らは元号の事前決定と公表を認める一方、政令公布は新天皇が行う「手続き分離論」を主張した。

これに対し、首相は承諾の言質を与えない。杉田官房副長官らが「内閣として説明がつかない案だ」と事前に説得していた。通常の政令公布手続きと違い、改元政令だけ特別扱いすれば、天皇の政治関与を禁じた憲法上の疑義が生じかねない。首相は周囲に「できれば意見を聞いてあげたかった」と漏らし、年末には「申し訳なかった」と個別に電話で謝罪した。

保守派にとっては、即位後の元号公表も政令公布も勝ち取れず、二重の敗北だった。

天皇と元号は「一体不可分」と考え、即位前の公表で皇太子さまに注目が集まれば天皇陛下との「二重権威」が生じかねないと懸念。18年8月には首相に近い古屋圭司元国家公安委員長や衛藤氏らが官邸で、即位後に公表すべきだと菅官房長官に直談判した。

その後も衛藤氏は衆院法制局の協力を仰ぎながら、首相らに即位後公表を求め続けたが、国民生活の混乱回避を目指した杉田氏ら官僚側は事前公表を譲らなかった。実際、政府は18年11月下旬に「19年5月1日の新天皇即位後に政令が公布された場合、5月1日の施行は困難」との見解をまとめ、保守派に直接突き付けた。衛藤氏らの主張は年末の段階で断念に追い込まれた。だからこそ必ず勝ち取りたい「最終ライン」(自民党保守派)は即位後の政令公布だった。

結局、官僚側の言い分にいずれも軍配が上がり、即位後公表に強くこだわっていた保守系団体「日本会議」(18)の反発は特に強かった。機関誌「日本の息吹」の19年2月号で政府方針に「遺憾の意」を示す見解を掲載。憲法改正など、首相と基本理念を共有する強力な支持団体による「異例中の異例」(幹部)の意思表示だった。

首相は保守派に待望論があった国書(日本古典)を典拠とする元号「令和」を選んだが、保守派の心中は複雑だ。木原氏は4月1日のフェイスブックで令和を評価しながら「4月30日までは『平成』の元号の下で、今上陛下の御代を穏やかに過ごすことが大事だ」と指摘した。日本会議政策委員の百地《ももち》章《あきら》国士舘大特任教授は「手放しで喜べない。御代替わりと共に新元号の発表を聞きたかった」とインターネット上で不満をつづった。

保守派の関心は早くも次の代替わりに向かう。日本会議は同じ機関誌で「今回の方式が将来の先例とならぬよう求める」と強調。衛藤氏らは官邸幹部との交渉記録を文書に残す約束を取り付けた。保守派重鎮は「今回は貴重な教訓を得たが、次は失敗できない。憲法改正は安倍首相にしかやりきれない。支え続けるしかない」と総括した。

2019年9月14日配信

# 新元号、正式委嘱は5人

## 政府、国書専門家も複数 「天翔」が一時有力に

政府が「平成」に代わる新元号の候補名提出を正式委嘱した専門家は「令和」を考案した中西進大阪女子大元学長（日本古典）ら5人だったことが判明した。安倍晋三首相の意向を反映する形で、国書（日本古典）の専門家2人が含まれていた。選定過程では令和と同じ万葉集を典拠とする「天翔《てんしょう》」を中西氏が考案し、一時有力になっていたことも分かった。関係者が14日、明らかにした。

正式委嘱は3月14日付。5人のうち3人は最終候補6案の考案者で、中西氏のほか、「英弘」「久化」「広至」「万保」を提出した宇野茂彦中央大名誉教授（中国哲学）、「万和」を考えた石川忠久二松学舎大元学長（中国古典）だった。

残る2人のうち1人は池田温東大名誉教授（東洋史学）(19)。もう1人は明らかになっていないが、関係者は「国書の専門家で現在70歳前後」と説明した。この2人の案は最終候補に残らなかった。

日本の元号は漢籍（中国古典）から引用するのが慣例だが、首相は第2次政権発足後、国書からの採用を希望する意向を内閣官房の担当者に伝えた。担当者は新たな考案者として、万葉集研究の第一人者である中西氏ら国書の専門家2人を追加した。

天翔は中西氏が提案し、首相も「気に入っていた」（関係者）という。万葉集に収められた山上憶良の歌の一節にある「天翔（あまがけ）り」が典拠とされる。ただ日本語の音を表すために漢字を当てはめただけの「万葉仮名」をもとにした引用だったため、元号選定基準に定める「良い意味を持つ」との条件に合致せず、最終候補に残らなかった。

これを受け、政府は中西氏に別の候補名を考案するよう追加依頼。3月下旬に3案が提出され、この中に令和が入っていた。

２０１９年12月28日配信

## 万葉集限定で元号依頼　政府、令和発表９日前
### 首相意向、土壇場決着　選定過程の詳細判明

政府が４月１日の新元号発表９日前の時点で、候補名考案を委嘱していた中西進元大阪女子大学長（日本古典）に、現存する日本最古の歌集「万葉集」限定で元号案作成を依頼していたことが分かった。中西氏はその２日後に「令和」を提案した。関係者が28日、明らかにした。国書（日本古典）、とりわけ万葉集からの採用にこだわった安倍晋三首相の意向を受け、発表直前の土壇場で決着した令和選定過程の詳細が判明した。

関係者によると、首相は３月上旬、政府の担当者が元号選定基準に沿って絞り込んだ候補名十数案を初めて見た。しかし首相には「ぴんとくるものがなかった」（官邸幹部）ため、絞り込み段階で対象外となった案も含めて検討すると、万葉集に収められた山上憶良の歌の一節にある「天翔」が目に留まった。中西氏の案だった。

ただ天翔は、日本語の音を表すために漢字を当てはめた万葉仮名から考えられたものだった。葬儀会社の名称にも使われており、担当者は難色を示したが、それでも首相は天翔に執着した。

23日、担当者は中西氏に「庶民のことを詠んだ歌が万葉集になかったか。万葉仮名そのものを使わない候補名をお願いする」と電話で要請した。中西氏が25日に「新しい案ができたので郵送する」と伝えると、担当者は「電話で聞き取るので今すぐに教えてほしい」と求め、その新たな数案の中に令和があった。26日に正式な資料が送られてきた。

首相や菅義偉官房長官ら政権幹部は27日の会議で、令和が最適との見解で一致し、新元号として事実上内定した。首相周辺は「幅広い階層からの歌が入った万葉集は、首相の看板政策『１億総活躍社会』のイメージとも重なった」と語る。

この時点で最終候補は令和を含む５案だったが、日本テレビが同日のニュースで最終候補の数を五つ

と報じたため、28日に宇野茂彦中央大名誉教授（中国哲学）が考案した「万保」を加えた計6案に変更された。

2019年12月28日配信

## 新時代演出へ突貫作業　初の試み執着、世論意識

新元号「令和」は、「唯一無二の元号」（官邸筋）をつくるため、初めての試みである国書（日本古典）からの元号採用を強く望み、特に「万葉集」に執着した安倍晋三首相の意向に沿って突貫作業で誕生した。歴代の元号担当者が極秘に蓄積した候補名は一蹴され、選定最終盤は万葉集ありきで突き進んだ。天皇逝去を前提とした改元とは違い、安倍政権は新時代への転換と世論形成を意識し、お祝いムードの醸成に傾注した。

▽オンリーワン

「本年は未来への希望とともに、新しい令和の時代がスタートし、大きな節目の年となった」。首相は24日、訪問先の中国四川省成都での記者会見で、新元号に触れながら1年を総括した。

現存する日本最古の歌集「万葉集」―。首相のこだわりは相当に強かった。「首相が新元号に求めたのはナンバーワンではなく、オンリーワンだった」。官邸幹部は、首相が新元号を発表した4月1日の記者会見で言及したアイドルグループSMAPのヒット曲「世界に一つだけの花」の歌詞を引用して、当時の様子を振り返る。

首相は当初、万葉集を典拠とする「天翔」に固執し、事務方トップの杉田和博官房副長官らを通じて「どうにかならないか」と再三伝達。首相周辺は「首相は万葉集から採用する新元号こそ、国民に受け入れられると確信した」と解説する。

▽この期に及んで

しかし天翔は葬儀会社の名称にも使われるなど、政府の元号選定基準に抵触してしまうという欠点があった。新元号発表までに残された時間が少なくな

る中、追い込まれた担当者が頼ったのが、天翔を手掛けた中西進元大阪女子大学長だった。

万葉集限定で新たな元号案作成を要請したのが、発表9日前の3月23日。この日は土曜日で、担当者が自宅から中西氏に電話をかける姿を見た家族は「この期に及んで、そんな状況で大丈夫か」と案じたという。

担当者と中西氏の出会いは2013年夏ごろまでさかのぼる。担当者は候補名の考案を非公式に依頼し、節目で「以前出した候補名のままでいいか」などと相談した。この時までのやりとりの積み重ねが奏功し、発表のわずか7日前の今年3月25日に令和が政府側に伝えられた。

**▽不支持急減**

中国発祥の元号は漢籍（中国古典）から選ばれるのが慣例で、「大化」から「平成」まで247ある元号は確認できる限り全て漢籍に由来する。新元号の候補名を巡り、こうして長く続いてきた伝統にのっとって、歴代の担当者が脈々と引き継いできたのは事実だ。

だが首相はそれを覆し、前例にとらわれず、新しいことに挑戦する姿勢をアピールした。万葉集が持つ「日本最古」「和」のイメージは、首相自身が気に入っただけでなく、自らの支持基盤である保守層にも響くものだった。

首相の狙い通り、令和は好意的に受け止められた。発表直後に実施した共同通信の世論調査では、73・7％が「好感が持てる」と回答。内閣支持率は前回の3月調査から9・5ポイント増えて52・8％に跳ね上がった。

調査結果を見た首相側近が当時「支持率が大きく上がった」と話したところ、首相は「そうだね。不支持率も下がったね」と応じたという。不支持率は8・5ポイント下がり、32・4％に急減した。

2020年3月25日配信

# 中西進氏「和景」も提案

## 元号「清明」と合わせ　令和採用で幻に

政府から元号の候補名考案を委嘱された中西進元大阪女子大学長（日本古典）が昨年4月1日の発表直前、現在の元号「令和」に加え、いずれも国書（日本古典）を出典とする「和景《わけい》」「清明《せいめい》」を政府に提案していたことが分かった。最終的には、安倍晋三首相が最も気に入った令和が採用され、和景、清明とも幻の元号案となった。複数の関係者が24日、明らかにした。

令和の出典は現存最古の歌集「万葉集」にある梅の歌の序文の一節で、国書からの採用は初めて。令和は4月1日で発表から1年となる。

関係者によると、国書からの採用にこだわった首相の意向を踏まえ、政府の担当者が昨年3月下旬、中西氏に要請していた。和景は「続日本紀」の一節にある孝謙天皇（後に重祚《ちょうそ》して称徳天皇）の詔から引用した。

これに関連し、中西氏は5月1日の令和改元後の月刊誌で「『和景』という言葉もよいと考えた」と記し、その後の共同通信の取材に同様の趣旨を話している。だが政府側では「孝謙天皇から寵愛を受けた僧侶の道鏡(20)との関係が想起される」と受け止められ、最後まで残らなかったという。

清明は、万葉集に収められた中大兄皇子（後の天智天皇）の歌に由来する。「清明己曽（さやけかりこそ）」から採用されたが、歌自体が漢字の当て字で表現した「万葉仮名」であるため、選考から漏れたとみられる。

中西氏はこれとは別の時期に、万葉集の山上憶良の歌から「天翔」、聖徳太子の十七条憲法の一節「以和為貴（和をもって貴しとなす）」から「和貴」「貴和」も提案したが、いずれも最終候補とはならなかった。

和貴は、令和とともに最終候補に残った「万和」の考案者、石川忠久二松学舎大元学長（中国古典）も提出していた。

# 第２章「令和改元　当事者の声」

政府は元号の情報が外部に漏れることを警戒し、担当者は極秘で任務に当たった。共同通信は2020年3月、「新元号『令和』発表から1年」と題し、選定作業に深く関わり歴史的な発表を官房長官として果たした菅義偉氏と、万葉集研究の第一人者で令和の考案者とされる中西進元大阪女子大学長のインタビュー記事を配信した。

インタビュー

## 令和発表の菅義偉氏

### 歴史的改元、生みの苦しみ

**―政府が極秘に進めた元号の選定作業では、本命の案がなかなか出てこなかったとされる。**

●すが・よしひで
総務相、自民党幹事長代行、官房長官などを歴任。2020年9月首相就任。衆院当選8回。

元号はいざ選定しようとすると制約がたくさんある。過去の元号で候補に挙がっていたり、個人の名前に多かったりして、パーフェクトなものはなかなかない。案はいろいろ提案されたが、決め手がなく、また（委嘱した考案者に）お願いすることを繰り返した。

**―今回は事前に改元日が設定され、準備期間に余裕もあったのでは。**

どんなに準備しても生みの苦しみはあると思う。今回の改元は天皇陛下（現上皇さま）のご退位と皇太子殿下（現天皇陛下）のご即位に伴う憲政史上初めてのことで、歴史的なものを感じた。少しでも国民に受け入れてもらいたいと願えば、もっといい案があるのではないかと悩んでしまった。

**―「令和」を初めて見た時の印象は。**

非常に響きが良く、出典が国民に慣れ親しんだ「万葉集」というのも分かりやすい。個人的にも「和」は自分の父親の「和三郎」、「令」は姉の「玲子」と共通点があった。

決定当日は神経を使った。有識者のほぼ全員が令和を支持してくださり、ほっとした。国書、万葉集ありきではなく、ごく自然の流れだった。一番日本にふさわしい元号が選ばれたのではないか。

## 令和発表「私の運命」

**―新元号を誰が発表するかも注目された。**

マスコミ報道はいろいろあったが、だいぶ前から、安倍晋三首相には「長官にお願いします」と言われていた。すぐに頭をよぎったのは（「平成」を発表した）小渕恵三さんのことだった。

最初は特別な気持ちはなかったが、発表が近づくにつれて盛り上がってきた。ご退位とご即位の時に官房長官を務めていたということで、これは私の運命なのかなあと感じた。

**―発表前日に首相官邸会見室で予行演習した。**

官邸職員や秘書官に勧められ、10分間やった。その時は墨書を掲げる前に文字が全部見えてしまった。当日もずいぶん気を付けたのに少し見えたと言われた。絶対に漏れないように頑張ってきたのに、最後の最後に。

**——発表の瞬間は緊張したのではないか。**

緊張はあまりなかったが、気合を入れた。ぜひ国民から一日でも早く令和を受け入れてもらいたいとの思いを込めた。

**——知名度が上がり、国民の視線も変化したか。**

「令和の人」というのは定着した。名前というよりも「あ、あの人だ」と言われることが多い。選挙の街頭演説で一番前にいるのは高校生だ。効果は想像以上だった。

**——次期首相にとの声も高まっていくのでは。**

私は今まで考えたことがないと言っているから、その通りだ。安倍内閣の官房長官として、やるべきことを一つずつしっかりやっていく。

（聞き手・鈴木洋志）

新元号「令和」を発表する菅氏＝2019年４月１日、首相官邸

インタビュー
# 考案者とされる中西進氏

●なかにし・すすむ
大阪女子大学長、京都市立芸術大学長などを歴任。2004年文化功労者、13年文化勲章受章。

## 令和は一歩踏み込んだ平和

**―2019年4月1日の元号発表前から考案者とみられていた。**

18年夏、滞在先のホテルで新聞を読んでいたら「新元号、日本古典も選択肢」との見出しの記事が出ていて、ぎょっとした。なぜこれほど限定的なニュースが流れるのだろうと。「万葉集」の研究者は報道関係者に追い回されるだろうと思った。ただその後、翌19年3月まで私への取材はほとんどなかった。

**―その後「令和」の出典となった万葉集に思いを巡らせたのか。**

いや、正直言って万葉集を出典にするとは、全く見当がつかなかった。万葉集の歌にある漢字は「万葉仮名」という当て字を使っていて、2文字を組み合わせると別の意味になるからだ。

**―確認できる限り国書（日本古典）からの元号採用は初めてだった。**

日本人は国書を規範に生活している。だから漢籍（中国古典）でない出典にするのが、むしろ遅すぎたのではないか。

出典が漢籍でなかったのは、中国による元号の「冊封体制」(21)の終わりを意味する。元号は思想を持っている。21世紀の私たち日本人が過去の多くの元号の典拠となった中国の「四書五経」(22)に縛られて生きるのはあり得ない。

日本に文字が伝わった5世紀から約1500年間、日本の風土の中で熟成されたのが今の日本語だ。その多くをたどれば、漢籍に根っこがあることは、現在の欧米の諸語がギリシャ語やラテン語に由来するのと等しい。「語源は日本語か中国語か」と発問すること自体、意味がないだろう。

**―令和が国民に浸透した理由は。**

「令」に憧れがあるのではないか。それに加えて、イメージも雰囲気も良かったから、皆さんに歓迎された。

## 敗戦の記憶、後世に

**―令とは何か。**

中国の「論語」で最高の価値が置かれている「善」だと、漢和辞典にある。存在としての良さを意味し「うるわしい」と呼ぶべきだ。「令（うるわ）しい」は国語辞典にも載るようになるといい。

**―そもそも元号が持つ意味は。**

国書でも漢籍でも、文章にちりばめられた漢字から、良い2文字を組み合わせて、新しいものを作るのが元号のルールだ。だから新しいメルクマール（指標）として、これから生きていこうとの発想が含まれている。

**―令和に自身の戦争体験を重ねたか。**

もちろんそうしたい。誰もが直接は経験できなくても、絶対に敗戦の記憶は語り継がれなくてはならない。令和とは、さらにもう一歩、踏み込んだ平和だと考える。

**―令和はどういう時代になるか。**

令には、私の好きな言葉である「自律」の意味もある。だから令和の時代に生まれた人は、自律性を持つべきだとして育てられるから、素晴らしい大人になるはずだ。それを期待したい。

（聞き手・髙尾益博）

# 第3章 ［再検証 令和改元の舞台裏］

## 再現・令和発表当日 ――中立装い、透ける誘導

２０１９年４月１日に発表された元号「令和」。公表前の情報漏えい防止に傾注した政府は、現在も選定過程に関わった有識者や閣僚らの具体的な発言を伏せたままだ。一方、中立を装いながら巧みな説明で令和に誘導しようとした構図が透けてみえる。４月１日当日、何が起きたのか。首相官邸と国会の動きを中心に舞台裏を再検証した。

### 元号懇談会

４月１日の一連の手続きは午前９時11分から官邸で始まった。菅義偉《すがよしひで》官房長官と横畠裕介内閣法制局長官による協議が終わると、32分には「元号に関する懇談会」が開かれた。上田良一ＮＨＫ会長から山中伸弥京都大教授まで９人が五十音順で指定の座席に着いた。

秘密保持のため携帯電話は事前に回収され、部屋には妨害電波が流された。安倍晋三首相は発表前日の３月31日「報道機関に特ダネは取らせない」と周囲に自信を見せ、政府高官も「盗聴器がないか、観葉植物まで確認した」と振り返った。

有識者が封筒に入った二つ折りのＡ３判紙を広げると、六つの原案が書いてあった。右から縦書きで「英弘」「久化」「広至」「万和」「万保」「令和」と並び、出典と書き下ろし文、意味が併記された。五十音順としたが、右端の英弘と左端の令和は国書（日本古典）出典の案で、結果的に目立つ形になっていた。

冒頭説明で元号担当の古谷一之官房副長官補が「国書を典拠とする案が選ばれれば、歴史上初めてとなります」と国書を際立たせた。英弘については「人名や企業名にあります」と付言し、選定上の留意点「俗用されていない」に抵触する可能性を示唆した。

「それでは白石会長からお願いします」。菅氏が最初に指名したのは白石興二郎読売新聞グループ本社会長だった。９人の座席のちょうど真ん中に座っていた白石氏は「令和が望ましい」と口火を切る。その後、白石氏の発言に同調するように、令和は「分かりやすい」「親しみやすい」などの意見が相次いだ。

山中氏は「令和は『のりかず』という人名で使われているのが気になる。固有名詞で使用されているものは避けた方がいいのではないか」と迷いを口にしたが、最終的には賛意を示した。結果、有識者９人中８人が令和を推し、全員が国書採用に賛同することになった。

このとき、山中氏が思い浮かべたのは、友人で早稲田大政治経済学部長の川岸令和氏（憲法学）だ。山中、川岸両氏と高校時代の同級生だった世耕弘成経済産業相も後に「新元号案を見たときは本当にびっくりした」と述懐した。

唯一、令和に否定的だったのは意外にも首相のゴルフ仲間の一人、榊原定征《さかきばらさだゆき》前経団連会長だったとの証言がある。白石氏の次に発言を促されたが「公然と異論を唱え、別の候補名を推したので驚いた」（出席者）という。

有識者９人は懇談会終了後、すぐに退出することが許されず、室内に約１時間半足止めされた。クッキーのセットとお茶が運ばれ、ＮＨＫの特別番組を見ながら正式発表を待った。令和が発表されると、直木賞作家の林真理子氏は拍手して歓迎した。

政府高官は「懇談会が最大の関門だった。あそこで一気に令和への流れができた」と明かす。その論功行賞なのか、令和を率先して推した白石氏はその後、駐スイス大使に転じた。報道機関現職トップからの大使起用は異例だった。

## 国会意見聴取

続く衆参両院の正副議長からの意見聴取は午前10時20分、衆院議長公邸にある通称「梅の間」で始まった。席にはコーヒーと紅茶が用意された。菅氏は有識者懇談会に関し「いろいろな意見が出ました」と報告するだけで、令和の評価が高かった点は説明しなかった。報告が誘導的だと受け取られれば、議論が混乱しかねないと判断した可能性がある。

赤松広隆衆院副議長は「みんなが読める」などとして、久化と広至を推した。広至については、冗談交じりに「俺の名前と同じ漢字が入っている」とも話した。

郡司彰参院副議長は、新春の梅を描いた「万葉集」の歌の序文に由来する令和への違和感に言及。「元号が特定の季節を指すのはどうか。春生まれの人はいいが、秋や冬生まれの人もいる」と述べ、赤松氏も同調した。

意見は集約せずに、菅氏は「厳秘でお願いします」と言い残し、官邸に向かった。自民党出身の大島理森《おおしまただもり》衆院議長は「政府の思いを受け止める」と応じながら、公邸にとどまる口実に昼食を用意する案をひそかに練っていた。国会の主体性を維持しつつ、政府が求める情報管理の徹底に応えるためだった。

4人の正副議長は意見聴取後、和室に移って料亭「赤坂浅田」から取り寄せた昼食を囲んだ。たけのこご飯や肉料理、お吸い物など何品ものメニューがあって「昼には少し重いと思える量だったが、おいしい上に季節を感じられる料理だった」（郡司氏）。

発表直前に西村康稔《にしむらやすとし》官房副長官から大島氏に令和に決まったとの連絡が入り、テレビで菅氏の記者会見を見守った。郡司氏は記念として一枚の紙に3人から肩書と署名を書いてもらった。

## 全閣僚会議

全閣僚会議は10時58分、官邸でスタートした。事務方トップの杉田和博官房副長官は「有識者はおおむね国書を推しました。令和がいいとの意見が多かった」と報告。令和の出典となった万葉集にも触れ「天皇から一般庶民に至るまでの歌が幅広く収められています」と長所を強調した。

閣僚のうち河野太郎外相が「国書から選ぶのがいい」と切り出し、全員が国書に賛成した。ただ、岩屋毅防衛相は「令和は牧歌的ではないだろうか」と指摘。令和だけでなく、複数の案を推す閣僚もいた。

「首相がお決めになる案がいいのではないか」と援護射撃する発言も飛び出し、菅氏は「首相に一任することとしたい」と議論を引き取った。最終的には首相が「令和でいいのではないでしょうか」と提案。閣僚がうなずいて了承した。

閣僚も秘密保持のため、携帯電話を預け、菅氏の発表会見が終わるまで、室内に留め置かれた。通常は部屋前で待機する閣僚秘書官も別室で待たせる徹底ぶりだった。

## 元号発表

11時17分から改元政令に署名する臨時閣議が始まったが、その終わりを待つことなく、全閣僚会議に陪席した開出《かいで》英之《ひでゆき》内閣官房内閣審議官から連絡を受けた職員が令和の墨書に取り掛かった。普段は内閣府人事課で辞令専門職として表彰状や叙勲などの墨書を担当する茂住修身《もずみおさみ》氏だ。「茂住菁邨《せいそん》」の号を持つ書家でもある。

11時25分に臨時閣議が終了すると、杉田氏は1分後の26分に山本信一郎宮内庁長官に電話し、天皇陛下（現上皇さま）と皇太子さま（現天皇陛下）に次の元号が令和に決まったと伝えるよう指示。40分までにお二人への連絡完了が確認されると、官邸1階の記者会見室近くで待ち構えていた菅氏はゆっくりとした足取りで室内に入った。

「先ほど元号を改める政令が閣議決定されました」。11時41分、会見室の演壇上の菅氏が秘書官から墨書を受け取って演台に移し替える瞬間、表側が少し浮き、最前列に座る記者には一部が見えた。

「新しい元号は令和であります」。発表するまで10秒ほどだったが、菅氏が誇る「鉄壁の情報管理」に隙が出た。

## 考案者、特別な一日 ――三者三様の取材記録

**プライド　石川忠久氏**

4月1日、東京逓信病院（東京都千代田区）の一室は朝から緊張感に包まれていた。政府から元号考案を委嘱された石川忠久元二松学舎大学長（中国古典）は心臓を悪くし、この自宅近くの病院で療養していた。

共同通信は2018年10月上旬から、石川氏が考案者の一人とみて取材を継続。4月1日は一緒に元号発表を見守ることを約束して連絡を取っていたが、19年3月上旬に二松学舎大顧問室や、石川氏が理事長を務める東京・湯島聖堂内の教育施設「斯文会《しぶんかい》」(23)からこつぜんと姿を消した。

慌てた担当記者は所在確認のため方々を駆け回ったが、行方をつかめなかった。ようやく連絡がついた石川氏の妻から入院中と聞いたのは発表5日前の3月27日だった。すぐに寝間着姿の石川氏を見舞うと、顔色は優

れなかったものの、元号発表を心待ちにしているのか「意気軒昂」と記者のノートに記した。

発表当日の朝、病室を訪れると同じく石川氏が考案者と見ていた朝日新聞記者と鉢合わせしたが、2人とも石川氏の了解を得ており、一緒に取材することになった。石川氏は、5日前の様子とは全く異なり、顔には生気が満ち、スーツ姿で発表の時を待ち構えていた。

発表予定の午前11時半ごろ、体を起こしてベッドに腰掛けた石川氏は「歴史的瞬間だ」と緊張した面持ちで、妻と記者2人と共に固唾をのんで、テレビ画面を見守った。しかし、11時41分に菅義偉官房長官が掲げた墨書の2文字は、石川氏が政府側に提出していた「万和」など13案ではなかった。

「令和か。知らなかった…」。一瞬、石川氏の顔には落胆の色が浮かんだが、すぐに「『令』には良いという意味がある。天皇の贈り名（追号）にふさわしい」と高く評価してみせた。

政府側から「安倍晋三首相がいいと言っている」と伝え聞いた自身の元号案が採用されなかったにもかかわらず、他の学者の案をたたえる姿に、石川氏の漢文学者としてのプライドが垣間見えた。

**固い意思　宇野茂彦氏**

「漢籍、中国のものだから良くない、避けるべきだとの意見があるようだが、それは大変な間違いだ。文化というものに国境はない」

4月1日、令和が発表された後の午前11時45分ごろ、「漢学界のサラブレッド」と称される男性は東京都内の自宅前で、令和の出典が国書（日本古典）だったことを記者団に問われると、持論を展開しながら、漢学者としての自負をにじませた。

宇野茂彦中央大名誉教授（中国哲学）―。祖父の哲人氏も父の精一氏も中国哲学の専門家だった。精一氏は「平成」改元時の最終候補の一つ「正化」を考案し、哲人氏も皇太子さま（現天皇陛下）や秋篠宮さま、黒田清子さんの命名に携わっていた。

共同通信が宇野氏に初めて取材を試みたのは18年10月下旬。担当記者が元号の考案者ではないかと尋ねると、自宅のインターホン越しに「とにかく私は関係ないです」と素っ気なく応じた。

その後も宇野氏のガードは堅く、十分なやりとりができないまま元号発表当日を迎えることになった。

「考案者ではないか」

「ないですよ。もちろん」

「元号案を出したか」

「それはお答えできません」

だが実際には、政府から元号考案の依頼を受けていた。宇野氏が提出した候補名が全部で幾つあるのかは不明だが、最終候補6案のうち「英弘」「久化」「広至」「万保」の4案は宇野氏の案だった。

4月7日、斯文会で開かれた論語素読の市民講座。担当記者は講師を務める宇野氏の発言に期待しつつ聴講したが、自らの案には一切触れなかった。終了後、四つの候補名を読み上げながら取材すると、宇野氏は「（平成の考案者）山本達郎東大名誉教授も最後まで認めなかっただろう。報道は慎みなさい」と一喝した。

令和発表から約4カ月後の8月上旬。宇野氏が所属する中央大を通じて改めて取材を申し込むと、1通のメールが届いた。

「元号選定に関しては、公表されていること以外、一切秘匿することが政府の方針と聞いています。私はこれを尊重する立場ですので、取材に対して協力するつもりはありません。お手を煩わせて恐縮です」

丁寧な文章の中にも、絶対に揺るがない意思の固さがうかがえた。

**予感　中西進氏**

4月1日、一躍時の人となる「万葉集」研究の第一人者は、京都市内の自宅に戻ることはなかった。自宅前には報道各社の記者やカメラマンが待ち構えていたが、帰宅したのは翌2日午後2時ごろだった。車から降り、記者団から前日に発表された元号について聞かれると、穏やかな表情で「ご苦労さま。私は関係ありません」と答えた。

この第一人者が中西進元大阪女子大学長（日本古典）だ。中西氏の妻が運転する車の後方に、京都府警の車両が追尾して警戒に当たるほど、令和の考案者として注目が集まっていた。

共同通信が中西氏の取材に着手したのは18年10月中旬。担当記者は1カ月に一度のペースで、中西氏が講師を務める市民講座「中野万葉会」を聴講し、その前後に取材機会を狙った。

当初、政府から元号考案の依頼を受けたのかとの問いに「どうだろうね」と回答をはぐらかしていたが、19年2月8日の取材では「何をどう考えたとかは言えない」と発言。3月8日には「発表前に、私に候補名を教わろうというのはフェアではない」と語り、自身が考案に関わっていることをにおわせた。

3月24日午後、東京都文京区で開かれた富山県主催のシンポジウムに、中西氏は「高志の国文学館」（富山市）の館長として参加した。元号発表前の最後の対面取材になると考えた担当記者は、会合を終えた中西氏に4月1日当日の予定を確認した。「まだ発表前だから何も話すことはできない。発表後ならば取材に応じる」との言葉を得た。

ところが1週間後、中西氏の対応は一変する。3月31日午後、翌日の予定の最終確認を兼ねて電話すると「急な話で申し訳ないが、諸般の事情で取材は全て断る」。中西氏はやはり考案者の一人で、政府に提出した自身の元号案が採用されると確信したから、取材拒否に転じたのか――。そんな思いがよぎった。

「令和は万葉集の梅の花の歌…」。4月1日午前、元号発表の記者会見で典拠に触れた菅氏の言葉を聞き、担当記者は中西氏の顔を思い浮かべた。出典は国書、しかも万葉集。前日の予感が的中した瞬間だった。

令和が発表されると、直後から考案者として中西氏の名前が一気に取り沙汰され始める。著書「万葉の秀歌」(ちくま学芸文庫)を出版する筑摩書房には問い合わせが殺到した。同社は4月2日午前、1万部の増刷を決め、中西氏にコメントを依頼する。

約4時間後、中西氏からファクスで「万葉集は、令しく平和に生きる日本人の原点です」とのコメントが寄せられ、増刷分にこのコメントを印刷した新たな帯を付けて販売した。これを皮切りに、中西氏は自身が考案者だと半ば認めるような発言を繰り返すようになった。

## 幻の元号「和貴」――十七条憲法出典、首相ら注目

「令和」の選定過程で有力視された元号案があった。令和の考案者である中西進元大阪女子大学長と、正式委嘱を受けた石川忠久元二松学舎大学長がそれぞれ提出した「和貴」だ。聖徳太子の十七条憲法の一節「以和為貴(和をもって貴しとなす)」から引用された2文字は、安倍晋三首相ら政権幹部の目に留まったものの、最終的には採用されず、幻の元号となった。

複数の関係者によると、中西氏は令和を政府に提出する1年以上前に和貴を提出。石川氏は「わが国最初の憲法の第1条であり、最も基本的な徳を説いたものとして重い語である」と記して提出した。中西、石川両氏

とも出典を十七条憲法が収められている日本最古の勅撰歴史書「日本書紀」とし、石川氏はさらに中国古典の「礼記」「論語」も付記して提出した。

両氏には「首相が良いと評価している」と漏れ伝わっており、和貴は有力な元号案だった。

実際、首相と和貴の関わりは深い。2013年4月には日本記者クラブの記者会見で中国の程永華《ていえいか》駐日大使に向けた友好の思いを込めて揮毫《きごう》。13年と16年の2度にわたり、美術展に「以和為貴」としたためた色紙を出展している。国会答弁や業界団体の会合でのあいさつでも引用するなど思い入れは強い。

首相の祖父・岸信介氏ともゆかりがある。広島市の三菱重工業広島製作所には岸氏がしたためた「以和為貴」の書が残っていて、首相は17年8月5日、これを観賞している。聖徳太子の墓を守護するために建立された大阪府太子町の叡福寺の南大門には、首相在任中の岸氏が揮毫した「聖徳廟　内閣総理大臣岸信介謹書」という扁額が掲げられている。

首相がとりわけ「和」の文字を好んでいると思われる場面は他にもある。17年12月1日、天皇陛下（現上皇さま）の退位日を決めた皇室会議後、毛筆で「和」としたためられた書家・河東純一《かとうじゅんいち》(24)氏の書を背景に取材に応じた。

一方、考案者も「和」の文字にこだわっていた。中西氏は採用された令和のほか、和貴や「貴和」「和景」、石川氏は最終原案に残った「万和」に加えて和貴を提出している。

19年に入り、政府が元号案の絞り込み作業を本格化させると、和貴の文字は候補から外れていった。政府高官は「確かに和貴も元号候補名の一つだったが、首相の好みが前面に出てしまい、あからさまになりすぎるとの理由で残らなかった」と明かす。

# 注釈一覧

**(1) 世界で唯一、元号制度が残る国**　元号は古代中国の前漢時代に始まり、皇帝「武帝」の時に初めて「建元」という元号が定められた。時の権力者が領土だけでなく時間をも支配するとの考え方に基づき、即位のたびに元号を改めた。人心を一新し、民意を統合する狙いがあったとされる。1911年に起きた辛亥革命で清が倒れ、君主制から共和制に変わり、2千年以上続いた元号は廃止された。漢字文化圏に属していたベトナムや朝鮮半島など周辺地域にも伝わったが、その後廃止された。

**(2)「一世一元」制**　君主（天皇）1人につき元号を一つとする制度。日本では明治時代に採用された。それ以前は天皇の即位時に限らず、大地震や大火といった災害時、飢饉や疫病が大流行した際などにも改められた。災いを断ち切り、踏み出すべき新たな方向を人民に示そうとしたとされる。

**(3)元号への批判的な意見は以前ほど高まっていないのも事実だ**　戦後、国民主権を基本原則に掲げた憲法との関係から「天皇制と強く結び付く元号の使用は憲法の理念と相いれない」との批判があり、廃止を求める声も根強かった。

**(4)「平成改元」についても、政府は関連資料の多くを非公開としている**　公文書管理法施行令などによると、公文書は原則として「最長30年」の保存期間終了後、国立公文書館などに移され、開示が適当と判断されれば公開される。平成改元時の記録文書を巡っては、政府が2019年3月末までだった保存期間を5年間延長し、全面的な公開は24年4月以降に事実上、先送りされた。

**(5) 元号選定の政府要領**　政府が1979年の元号法成立を受けて策定した元号選定手続き。それによると、専門家に候補名の考案を委嘱し①漢字2字②書きやすい③読みやすい—などの点に留意し、数個に絞り込んだ原案を選定。有識者や衆参両院議長らへの意見聴取を経て、全閣僚会議での協議後、改元政令を閣議決定する。

**(6) 情報公開法**　国の行政機関が保有する行政文書を原則として公開し、全ての人に情報公開請求の権利を与える法律。2001年4月施行。個人情報や、国の安全、外交上の不利益になる情報などは非公開扱いを認めている。

**(7) 元号法**　元号について規定した法律で1979年に制定された。元号は①政令で定める②皇位の継承があった場合に限り改める—の2項と、付則で構成される。内閣の決定権を明記した。

**(8) 日本学士院会員**　文学や医学、経済学など各分野の顕著な功績のある学者から選ばれる特別職の国家公務員。日本学士院法に基づき、定員は150人で身分は終身と規定されている。ノーベル医学生理学賞を受賞した山中伸弥京都大教授も名を連ねる。

**(9) 万葉集**　奈良時代にまとめられ、大伴家持が編さんに関わったとされる。全20巻に4500首余りを収めた。宮廷祭式など晴れの場で歌われた雑歌から、男女の恋愛を扱った相聞歌、死者を悼む挽歌などさまざまな題材を含み、多様な形式の歌が収録されている。代表的歌人は額田王や柿本人麻呂、山上憶良らで、多くの歌が現代でも親しまれる。

**(10)「修文」考案者の目加田誠九州大名誉教授（中国文学）**　めかだ・まこと。1904～94年。中国詩研究の第一人者。2019年2月、目加田氏作成の元号案メモが見つかり、「修文」を含む20案が確認できる。後にメモを所蔵する福岡県大野城市が公開した。

**(11) 日本の古典が採用された例はないとされる**　近代以降では「明治」「大正」は易経を典拠とし、「昭和」の出典は書経。「平成」は「史記」の中の「内（うち）平（たいら）かに外成る」、書経の「地平かに天成る」から引用され、「国の内外にも、天地にも平和が達成される」との意味が込められた。

**(12) 国会本館の常任委員長室**　衆参両院が

入る国会本館3階の中央にある部屋。衆院が管理し、重要な与野党協議に使われる。記者も本館内の廊下を通行できるため、退室した議員らとの接触が可能。1989年1月の「平成」選定時に使用した実績があり、記者団が出席者から元号候補名を聞き出そうと取り囲む可能性があった。

**(13) 衆院議長公邸**　東京・永田町に位置する衆院の迎賓施設。衆院議長が執務するほか、与野党幹部や外国要人らと会談する際に使用する。通常は記者が施設内に入って自由に取材することができないため、重要局面で政権幹部が出入りすることもある。

**(14) 赤色のカーテン**　官房長官の記者会見で通常使われるカーテンは水色だが、首相が記者会見する際は状況に合わせて青や赤に替えている。

**(15) 聖徳太子の十七条憲法**　日本最古の勅撰歴史書「日本書紀」に記載されている。近代の憲法とは異なり、役人に向けた道徳的な規範が中心。第1条が「和をもって貴しとなす」で始まり、17条から成る。

**(16) 1億総活躍社会**　安倍晋三首相が2015年9月に提唱した社会像。少子高齢化に歯止めをかけて50年後も人口1億人を維持した上で、全ての人が家庭や職場、地域で充実した生活を送ることができる社会と説明した。

**(17) 令和解散**　元号「令和」発表による内閣支持率上昇を契機に、安倍晋三首相が衆院解散に踏み切るのではないかと取り沙汰された見立て。実際にはなかった。解散は憲法7条で天皇の国事行為と定めるが、実際は「内閣の助言と承認」によって行われるため、首相の専権事項とされる。

**(18) 保守系団体「日本会議」**　宗教界を中心とした「日本を守る会」と、財界人や学識経験者らも入る「日本を守る国民会議」が統合し、1997年に設立された。「皇室敬愛」や「新憲法創造」を掲げて国民運動を展開する。連携する超党派の「日本会議国会議員懇談会」には安倍晋三首相に近い議員が名を連ねる。

**(19) 池田温東大名誉教授（東洋史学）**　いけだ・おん。東大大学院人文科学博士課程修了。北海道大助教授を経て、東大や創価大で教授を務め、後に両大学の名誉教授となる。政府から正式委嘱され候補案を提出したが、その内容は不明。

**(20) 道鏡**　どうきょう。奈良時代の僧侶。現在の大阪府八尾市付近にいた豪族弓削氏の出身とされる。孝謙天皇（後の称徳天皇）の病を完治させたことで信頼を得て、766年に法王になった。神託と称して皇位継承を企て、追放された。772年没。

**(21) 冊封体制**　中国皇帝が周辺諸国の支配者と君臣関係を結び、その支配を認めることで成立した国際秩序。高度な文明を築いた中国が、周辺諸国を教化するとの考え方に基づく。臣下となった周辺諸国は中国皇帝に貢ぎ物を献上し、返礼品を下賜される形で貿易した。

**(22) 四書五経**　儒学の最重要経書の総称。四書は「論語」「大学」「中庸」「孟子」、五経は「易経」「書経」「詩経」「礼記」「春秋」。特に五経は古来中国で教養人必読の儒教の経典として尊ばれ、四書は五経の解釈の前提とされる。

**(23) 教育施設「斯文会」**　東京都文京区湯島に所在。東洋の学術文化の交流を目的に岩倉具視らが1880年に創設した「斯文学会」を母体とし、これが発展して1918年に現在の斯文会となった。「論語」など中国古典を中心に公開講座を設けている。敷地内には江戸時代、5代将軍徳川綱吉が儒学の振興を図るため創った湯島聖堂がある。

**(24) 河東純一**　かとう・じゅんいち。平成改元の際、総理府（現在の内閣府）の辞令専門職として、小渕恵三官房長官が掲げた「平成」を揮毫した。

# 第3部

# 新象徴考

## 新しい天皇家の姿

新しい天皇、皇后両陛下とは、どのような人物なのか。その人となりを紹介するのは、いささか困難の伴う作業だった。皇后雅子さまの長い療養生活という事情もあり、平成の両陛下と比べると、どうしても表だったエピソードが不足してしまう。そんな中で思い付いたのは、ここ30年ほどの間に皇室担当を経験した歴代の記者たちに、自分が見たままの思いを語ってもらうことだった。

一方で、皇太子時代からの言動を振り返り、陛下がこれまで胸に秘めてきたであろう「新たな象徴天皇像」に迫る連載「新・象徴考」も企画した。いずれも、新天皇の人間性や目指す方向性を手探りするような試みだった。

また、陛下の長年の趣味である登山の経歴を詳しくたどることでも、人柄や価値観を伝えることができそうに思えた。幼少時代に始まった陛下の登山に同行した数多くの現地山岳関係者を訪ね歩き、彼らの見た陛下の姿を語ってもらった。（文中の肩書、年齢は記事配信当時）

# 第1章 「新象徴考」

昭和天皇の「皇長孫」として生まれ、将来の即位が宿命づけられていた天皇陛下。米ハーバード大卒の外交官としての輝かしい経歴をなげうって皇室に入られた皇后雅子さま。お二人の歩みは「自分らしい天皇像」「自分らしい役割」を探し求める道のりだった。憲法に定められた「象徴」としてふさわしい在り方とは何なのか。そしてそもそも「象徴」とは何なのか。根本から考える試みとして「新・象徴考」と題する連載を2019年5月、9月にそれぞれ6回ずつ配信した。

## 自分らしい天皇像求めて ――25歳「国民の中に入る」

19年5月1日配信

「多くの天皇は、いわば先帝の事績に背を向け、別の道を行くことで、自分なりの天皇像を打ち立ててきた」。そう指摘する識者は少なくない。明治維新の旗印で「大帝」と呼ばれた明治天皇。病弱ながら気さくな人柄で文化的な時代を築こうとした大正天皇。反動で明治的君主像を求められ、戦争の時代を生きた昭和天皇。そして、戦没者を慰霊し、父の果たしきれなかった平和な時代と象徴天皇像を築き上げた上皇さま。いずれも「正反対」と言っていいほど振れ幅の大きな歩みを刻んできた。

では、陛下の目指す天皇像はどんなものなのか。元側近は、慎重で穏やかな陛下の性格から「胸に描くものがあっても父の在位中にそれを語ることはありえなかった。即位してすぐに何かを変えたり、宣言したりするようなこともないだろう」と話す。だが、具体性はないにしても、思いがにじむことはあった。1985年、

25歳だった浩宮時代。英国留学からの帰国を前に、こう話している。「一番必要なことは国民と共にある皇室、国民の中に入っていく皇室であることだと考えます」

「国民と共に」は、上皇さまが頻繁に使った言葉だ。「国民の中に入っていく」というのは、さらに一歩進んだ姿勢と取ることもできる。このとき陛下は「そのためには、できるだけ多くの日本国民と接する機会をつくることが必要だと思います」とも話している。

国民の中に入り、多くの日本人と接するため、若き日の陛下は何をしたのか。記録をたどってみると、幼少時からの趣味である登山が、この頃から目立って増えている。26歳の陛下は、南アルプスの3千㍍峰で初のテント泊を経験し、八ケ岳を縦走。北海道の利尻山にまで足を延ばして、名だたる山々を制覇した。1年間の山行は10回近くに及んだ。陛下の中学生時代から何度も一緒に山を歩いたことのある元山梨県職員の斉藤敬文さんは「一緒に登っているお付きの人たちに気を配って平等に声を掛け、山頂で出会った人々とは打ち解けて山談議を楽しまれていた」と話す。

町中で天皇や皇族を歓迎する人々は、あらかじめ訪問を知った上で旗を振るなどして出迎えている。一方、山で出会うのは、たまたまそこにいた人々だ。言ってみれば、より「普通の国民」に近い。断言することは誰にもできないが、陛下は、こうして広く自分の足で国土を歩くことで「国民の中に」入ろうとしていたのかもしれない。

## 時代に即した公務探る　――「人格否定」で騒動に

19年5月2日配信

「時代に即した新しい公務が必要だと思う」。天皇陛下は皇太子時代、こうした言葉を繰り返してこられた。

初めて口にしたのは、2001年2月、41歳になる際の誕生日の記者会見だった。

この時は、発言が特に注目されることはなかった。「21世紀を迎え、今後の皇室像をどう思うか」という質問への答えだったし、元外交官の皇后さまと結婚した時点で「新しい国際親善」のようなものが期待されていたから、意外性もなかったのだろう。しかも、似たようなことは、上皇さまもかつて述べていた。「時代が進んでいくわけだから、それに合った皇室というものがつくられてこなければならない」（1979年）。翻ってみれば、そもそも天皇家とは、千年の昔から時の権力者と共存し、しなやかに生き延びてきた一族だ。「時代とともに変わる」。それはいわば当たり前のことだった。

陛下のこうした「新しい公務」発言は、04年になっても続いたが、この年、劇的に意味合いが変わることになった。5月の会見で、陛下が「雅子のキャリアや人格を否定するような動きがあったことは事実」と、衝撃的な発言をしたからだ。

その3カ月前の誕生日会見で、陛下は異例の時間をかけて、新しい公務について説明していた。「国際化の中で日本が変わっていく」「新たに私たちが始めるべき公務」「前からの公務で大切なものもあるが、その辺りを整理する」「今の時代に合ったような形で私たちでできる公務」などの言葉が並んでいた。「宮内庁も含めて真剣に考えていただきたい」とも話した。

当時の宮内庁幹部は「同時期の発言だっただけに、『新しい公務』が『人格否定』とセットになり、センセーショナルな受け止められ方をされてしまった。不運な面がある」と振り返る。「新しい公務とは具体的に何なのか」「ご両親のなさりようを否定するのか」という厳しい問いが、マスコミや上皇ご夫妻の側近らから発せられ、世間を騒がせた。

関係者によると、当時、上皇ご夫妻の意を受けて宮内庁幹部が陛下の真意を確かめるため、東宮御所に出向いた。陛下は、騒ぎを打ち消そうとするかのように「新しい公務というのは、一般論的に話したものであって、何か特別に、全く新しいことをしたいとか、これまでのものをやめたいというつもりで言ったのではありません」と繰り返すだけだったという。

## 世継ぎ優先、海外封印　――独自の仕事を渇望

19年5月3日配信

2004年の「新しい公務発言」について、天皇陛下は特段の意図はなかったと話されたとされる。しかし、それは陛下の真意ではなかったとして別の見方をする関係者も多い。「人格否定発言と同様に、妻の雅子さまを守ろうとする行動だったのではないか」

01年12月、長女愛子さまが生まれ、皇后さまは会見の席で「生まれてきてありがとう」と涙を見せた。しかし関係者によると、宮中の一部や上皇ご夫妻に近い筋からは、男子でなかったことに落胆する露骨な声が漏れ、それは皇后さまの耳にも届いた。

出産の約1年後、お二人でのニュージーランド、オーストラリア訪問が実現した。久々の海外公務。訪問前の会見で皇后さまは笑顔を見せ、「6年間、外国訪問をすることが難しいという状況は、適応するのに大きな努力が要りました」と話した。陛下も約2カ月後の会見で「よく辛抱したと思います」といたわった。念願の第1子を得た安堵感も漂う。しかし、皇后さまのこの言葉が、一部の怒りを買うことになったという。「世継ぎはいまだ得られていない。それなのに」。世継ぎ出産と海外訪問のどちらが大事なのかという問題が蒸し返され、両陛下は激しい攻撃にさらされた。

やがて皇后さまは体調を崩し、03年末には帯状疱疹と診断され、公務の現場から遠ざかった。04年2月の

「新しい公務」、5月の「人格否定」は、そんな中での発言だった。その後皇后さまは「適応障害」と診断され、長い療養生活へと入っていく。

両陛下に近い関係者は「国際的な仕事は封印され、出産への圧力は再び高まった。『自分たちらしい独自の仕事』を渇望する気持ちが高まっていった時期だったのではないか」と話す。こうした見方を裏付けるように、陛下はこの後もほぼ毎年、会見で「新しい公務」に触れている。05年には「重要性を増す分野」として「環境問題」「少子高齢化の中での子どもと高齢者」「国際的な文化面の交流」などを挙げた。いずれも極めて現代的なテーマで、皇后さまの関心とも呼応する。それなりの具体性もあるように思えるが、そのテーマがどんな「公務」になるのかは判然としなかった。

そのせいか、宮内庁内での理解は得られず、陛下は説明を求められ続けた。08年12月になっても、当時の羽《は》毛田《けた》信吾《しんご》長官が会見で「いろいろと申し上げているが、今も具体的な提案を待っているところだ」と発言するほどだった。

## 水問題こそ新しい象徴　――自らを語らぬ新陛下

19年5月4日配信

「『水問題』(1)こそ、天皇陛下が自ら探し当てた『新しい公務』の一つと言っていいと思う。でも自分では決してそうおっしゃらない」。元側近の一人はそう話す。

水の問題に関わるようになったのは、2003年に京都などで開かれた「世界水フォーラム」で名誉総裁を務められたのがきっかけとされる。だが、27歳の時、ネパールで水くみに膨大な時間を費やす女性や子どもを見た時から、問題意識があったのは確実だ。本人も20年後の講演で「『本当に大変だな』と、素朴な感想を抱いたことを記憶しています」と述べている。06年のメキシコ、07年の大分、08年のスペイン、09年のトルコ、12年のフランス。水に関するフォーラムなどがあるたびに講演やビデオメッセージを繰り返した。

当初は、水運や治水技術など古い日本の知恵を紹介していたが、内容は次第に、気候変動や世界の大洪水、東日本大震災後は過去の大津波など、災害や防災の問題へ広がっていく。記者会見では、飲み水や下水道など衛生面の重要性にも触れてきた。15年にはニューヨークの国連本部で演壇に立ち、世界各地の水災害やその対策について語るまでに至った。

「水は食料生産や環境、貧困、教育や女性の社会進出の問題にまで広がる。陛下はその多様性を理解し、世界的評価を得ている」と、水問題の専門家は口をそろえる。

幅広い関心の底流にあるのは天皇として欠かせない「弱い者」へのまなざしだ。衛生的な水を得られない人々は、日常生活にも支障を来す「弱者の中の弱者」と言える。

しかし、日本は世界でも水に恵まれている国の一つとされる。「外国の抱える問題にまで視野を広げることが、日本の象徴天皇として適切なのか」との声もある。

これに対して「水文学」が専門の沖大幹《おきたいかん》・国連大学上級副学長は「日本という国が、世界の水問題解決に貢献しようとしている意思表示になる。それはまさに日本の象徴としてふさわしいお務めになり得ると思う」と話す。

新しい象徴の姿。新陛下はそれをはっきりとは語ってこなかった。「決してわが身を語られない。ましてや大きな言葉で語ることはない。それは私にはごく自然な振る舞いのように思えます」。元建設省河川局長で水問題の長年の相談役である尾田栄章《おだひであき》さんは陛下の人間性をそう考えている。「その場その場で考え、感じ取り、己のあるがままに対応するおおらかな身の処し方が身についておられるからです」

## 虐待の本質に鋭い視点 ――「意見」求める皇后さま　19年5月5日配信

皇后雅子さまは、東京都渋谷区の明治神宮会館の応接室で、児童養護施設「至誠学園」（東京都立川市）名誉学園長の高橋利一さんと話されていた。当時、度々出席していた「児童福祉施設文化祭」の式典が開かれた後だった。

核家族化や格差社会の中で弱い立場になっていく子どもたちや、施設に入所してくる子どもが抱える問題を、1時間ほどかけて話し合った。

高橋さんは、この時の皇后さまの言葉を覚えている。「私はまだそうは思いたくないのですけれど、実際にはもう、親がいるのに家族や社会から見捨てられてしまった子どもたちがいるのではないでしょうか」

施設ができた当初は、戦災孤児など「親のいない子どもたち」が多かったが、今はそんな子どもたちばかりではない。

家族論の研究で知られる評論家芹沢俊介さんは、皇后さまのこの言葉を伝え聞いて「相当に鋭い。現代的視点ですね」と目を丸くした。「見捨てられ、受け止め手が誰もいないということが、問題を抱える子どもの代表的境遇です。そして、実の親が受け止め手であることを放棄するのが虐待やネグレクトであると言えます」

高橋さんによると、皇后さまとの「議論」は自然に海外の問題にも及んだ。「非行的な行為をしても、とがめられさえしない子どももいる」。生きるため犯罪をせざるを得ない境遇が話題に上った。世界の国々の実情をよく知っている様子だった。

高橋さんに意見を求めることもあった。「意見を求める」というのは、問題解決のため、自分自身が具体的な行動をしたい気持ちの表れに見える。「寄り添い」「いたわり」「慰め」といった従来の皇室のイメージにある行動だけでは収まり切れない志向が皇后さまにはあるのではないか。

非行少年の自立を支援するボランティア活動「BBS運動」の式典には2度出席。2017年には、少年たちの「受け止め手」になろうとする若者たち「ビッグブラザー」から苦労話を聞いた。虐待、貧困、内戦や紛争の影響、貧困家庭での教育。子どもに関する皇后さまの理解は深いが、関心はそれだけに収まらない。05年以降、国連大学での聴講を断続的に続け、世界情勢や国際経済、環境問題についても学んできたようだ。

一貫しているのは、弱い者に対する国際的な視点、そして抽象的な行いだけでなく、実務的な行為を重視しようとする姿勢だ。それは皇后さまにとって、より「自分らしい自分」なのだろう。

## 新たな象徴像、やがて　──「知見」得るための日々

19年5月6日配信

「目指している象徴像が分からない」。そんな批判を、天皇陛下はたびたび受けてこられた。戦没者の慰霊や被災地訪問などで新たな象徴像を打ち立ててきた上皇さまと比較され、皇太子時代の上皇さまの言動とも比較された。

元側近は「皇太子とはあくまで天皇を補助する存在。父母である上皇ご夫妻に対しては、強い遠慮があったはずだ」と推し量る。一方で、昭和という時代を引き継いだ上皇さまは、ある意味で必然的に「戦没者の慰霊」や「戦争の記憶の継承」というテーマに行き着いた。「それに比べれば、陛下がさらに新たなテーマを見つけるのは相当難しい」と指摘する宮内庁関係者もいる。

「皇太子の活動」と「象徴天皇の公務」は、決して同じではない。被災地のお見舞いや、日本各地での行事への出席などは同じように行ってきたが、天皇となって初めて、行動の全てが「象徴としての行為」になる。

皇太子として最後の機会となった2019年2月21日の会見で、陛下は水問題へのこれまでの取り組みを「知見」という言葉で表現した。「得られた知見を、これからの務めの中で大切に生かしていきたい」

「自分がなすべきことについて、これ以上できないほど突き詰めて考えてこられた」と元側近。この世に生まれ、皇長孫や皇太子として生き、妻と共に悩み苦しんだ59年間の全ては、やがて天皇となるための「知見」を得る助走の道のりだったのかもしれない。

この会見には、もう一つ気になる部分がある。毎年のように触れてきた「新しい公務」という言葉が、姿を消したのだ。

その3日後の在位30年記念式典。上皇さまはそれに呼応するような発言をした。「次の時代、さらに次の時代と象徴のあるべき姿を求め、先立つこの時代の象徴像を補い続けていってくれることを願っています」

「補い続ける」。それは「自分の築いた路線を大切にしながらも、自分にはなかった新しい活動も許す」という意味ではないか。ある宮内庁関係者は「それぞれの発言の前、お二人の間ですり合わせがあったのかもしれない」と推測している。

跡を継ぐ息子に対し「もう言わなくてもいい。自分の思うようにやりなさい」とのメッセージを発した。そう受け取った関係者も少なくない。そうだとすれば、語ることさえ控えてきた自分らしい象徴天皇像を遮るものは、もう何もない。あるのはただ一つ、政治への関与を禁じた日本国憲法だけだ。新たな象徴像と皇后の姿は、やがて明かされるだろう。

## 語義から「象徴」の理念を考える

古くから存在していた「象徴天皇」の理念。それは決して戦後に生まれたものではない。だが「象徴」という言葉はあまりに抽象的で分かりづらい。19年9月配信の本節では、「象徴」とは一体何なのか、その言葉の語義を一から考え直してみた。

### 象徴の理念、伊藤博文――１２０年前の演説で言及

19年9月21日配信

天皇陛下はまだ22歳だった１９８２年、大学で専攻していた日本史について記者に質問され、「天皇や皇室が表舞台から遠ざかっていた時期もあるわけですが、そういった流れの中で天皇が象徴的に存在した時期の方が長いということを感じます」と述べられた。この「象徴」についての伊藤博文の発言はあまり知られていない。１８９９（明治32）年、長野市内での演説で、伊藤はこう話している。「日本の君主は国家を代表すると言わずして、日本国を表彰する、表すという字を使いたいと思う」

この演説を見つけた国際日本文化研究センター（京都市）の瀧井一博教授（国制史）によると、この時代、「表彰」は「ほめたたえる」ではなく「明らかにする」「表象する」の意味で使われたとみられる。「表象」を現代の広辞苑で調べると「象徴に同じ」と書いてある。

つまり、明治憲法下で伊藤は「天皇は日本国の象徴」と考えていたことになる。今から１２０年前に、日本の初代総理大臣が現行の日本国憲法の規定とほぼ同じ理念を持っていたことは驚愕《きょうがく》に値する。

伊藤は明治憲法の起草に関わった当事者だ。演説の前年に第三次内閣の首相を辞任。政党同士が不毛な争いを止め、憲法に基づいた政治が実現するよう、全国を遊説しているところだった。

演説は憲法制定の趣旨に関するもので、伊藤は「（主権者である天皇が）妄りに之（臣民の権利）を奪わぬということを規定したのが即ち憲法である」とも話している。

瀧井教授は「天皇の一番の役割は、現在と同じく国と国民統合を『象徴』することだと伊藤は考えていたはず」と指摘する。伊藤は数多くの演説を通し、理を尽くして理念を語る「言葉の政治家」だったという。

明治憲法は、天皇を「統治権の総攬者」とし、陸海軍の統帥など政治的大権を認めてはいた。しかし実際にそれを行使するよりも、政府と議会、軍部が対立した場合に調停し、融和を促進する機能が求められていた、と瀧井教授は考えている。「絶対君主による専制政治」のように見られがちな明治の時代だが、君主制の分類では「立憲君主制」の時代であり、天皇を「象徴」とみていた言説は、ほかにもある。

1900（明治33）年に教育家新渡戸稲造(2)が米国で刊行した「武士道」。この本に「symbol」の表現がある。英国王室が「国民統合の創始者にして象徴」とされることに賛同。「皇室においては2倍にも3倍にも強調すべきことである」と述べている。

## 熟考足りぬ象徴の意味 ――英訳でニュアンス探る

19年9月22日配信

2016年夏に上皇さまが退位の意向を示された時、メディアや識者の間に「象徴の意味を考えることを、何十年もの間、陛下一人に任せきりにしてしまった。これからはみんなで考える番だ」との声が聞かれた。それから3年、退位は実現し、新しい天皇が即位したが、実際に世間にあふれたのは、高齢になっても象徴であり続けた上皇さまをいたわり、称賛する声ばかりだった。

象徴とは何か、象徴であることにふさわしい行為とはどんなことなのか、私たちは真剣に考えたと言えるのだろうか。現在に至る天皇制の研究を続け、この３年間、多くのメディアに登場した名古屋大大学院の河西秀哉准教授（日本近現代史）は「メディアを含め、象徴の意味や役割を根本から考えることは全くなかったと思う。改元のプロセスや儀式などの技術論ばかりだった」と振り返る。

上皇さまは16年8月のメッセージで「象徴の務めの途切れない継続」への理解を訴えた。その後も象徴像を補い続けることへの願いを語り、新天皇陛下も「自己の研さんに励む」と、未来を見据えた。ならば私たちも今改めて、新時代に向けた「象徴の意味」を、共に考えるべきではないか。

「敗戦後の日本を占領統治していた連合国軍総司令部（ＧＨＱ）が、強大な天皇の政治的、軍事的権力を剥奪するため『ただの象徴』にした」「象徴という日本語は、英文の憲法草案にあった『symbol（シンボル）』を単純に和訳したにすぎない」。そう見る向きも多い。

だが、日本国憲法は日本語で書かれ、「象徴」という日本語がその中に収まった。この日本語をもう一度英語にしてみたらどうなるだろう。symbol 以外の英単語には、微妙な意味合いの違いがあるのではないか。それを比較することで「象徴」に含まれる多様なニュアンスが浮かび上がるかもしれない。

英語辞書編さん経験が豊富な青山学院女子短大の高野嘉明教授に調べてもらった。「用例を見ると『象徴』の英訳は圧倒的に『symbol』であることが多い」と断りながらも、「象徴」と訳すことが可能な英単語と用例を示してくれた。Ａ４の紙３ページに並んでいたのは、「representative」「emblem」「image」「typification」「picture」などの言葉だった。それぞれに含まれる「象徴」以外の主な意味合いを再び日本語で表すと、「代表」「標章」「想起」「典型」「具現」などになる。

## 「代表」と言えぬ天皇 ――国民との同等性、行方は 19年9月23日配信

「象徴」と訳せる言葉の一つに「representative（リプレゼンタティブ）」がある。直訳すると「代表」という意味だ。

日本と同様に国王を「象徴」とする「象徴君主制」のスウェーデンでは、憲法に当たる統治法典の公的注釈書に、この「representative」が「symbol」と共に入っている。

では、天皇は国や国民の「代表」と言い換えられるのか。これには否定的意見がほとんどだ。国の代表者は首相であり、国民の代表は選挙で選ばれた国会議員たちのはずだ。

スウェーデンの王制と憲法を研究する朝日大の下條芳明教授（憲法学）によると、注釈書は国王を「国家統合の代表者」「国家全体のシンボル」と表現している。

国王が政治的権能を持たないのは、日本以上に徹底されている。下條教授は「一般に憲法学では『代表』には必ず選挙が伴うと考えるので、国王が『representative』という場合は『再現前』という訳語を使う。『ひと目見ただけで、目の前に現れて示すもの』という意味です」と説明する。

神道学者の高森明勅《たかもりあきのり》氏は、別の立場から「代表」の意味合いに強い異議を唱える。「『代表』は、同質なグループの中のリーダーという意味だ。天皇は断じて国民と同質ではないし、そうであっては役割を果たせない」

一方、愛知県立大の川畑博昭教授（比較憲法学）も、憲法で国王を象徴と規定しているスペインとの比較から天皇の特殊性を指摘する。

「国王は天皇のように『畏敬の念』を持たれているわけではない。欧州の王室は全般に国民との『同等性』が日本よりはるかに強い。そうした国では国王を仲間内の者ととらえることに抵抗がないのではないか」

2017年、デンマーク市民が皇太子時代の天皇陛下にセルフィー（自撮り）を求め、陛下もこれに応じられたことがあった。「デンマーク人の感覚だからできたこと。皇太子なんてそんなもんだという意識がある。日本で皇太子を相手にあんなことをする人は、まずいないだろう」と、別の王制研究者も強調する。

だが、天皇ご一家は、これまでの誰よりも、国民との近しさを実現しているように見える。19年8月、静養先の栃木県・那須で市民に「（愛子さまは）お父さまにそっくりになられましたね」と言われ、一般の親子と同じように3人で顔を見合わせて笑い合った。

ある皇室関係者は話す。「『同等性』と言うのなら、それは今後もっと強まると思う。でも、それが新しい象徴の姿であってもいいのではないでしょうか」

## 「日本」連想させる力 ——日系人の思い、世代で違い

19年9月24日配信

「emblem（エンブレム）」にも「象徴」の意味がある。エンブレムと聞いて思い浮かぶのは、ベンツなど車の「マーク」（標章）だろう。

オランダ・ハーグの国際司法裁判所には、国ごとに用意された椅子がある。日本の椅子の背にあるのは日の丸ではなく、「十六弁菊花紋」(3)。天皇家の紋章だ。日本は「国章」として慣例的に菊花紋を使っている。花弁が一重か二重かなどの違いはあるが、パスポートの表紙にも日本のマークとして印刷されている。

人間である天皇にもエンブレムの役割が負わされるのなら、富士山や桜のように、日本という見えないものを「想起」(image) させる力が求められることになる。

ブラジル・サンパウロの邦字新聞編集長深沢正雪さん（53）にとって天皇は「日本と自分たち日系人との絆

を思い起こさせてくれる存在」だ。戦前のブラジル移民の多くは戦争で外交官が引き揚げた際「国に捨てられた」と思ったという。「皇室の方が来ると、古い世代の移住者は『私たちは忘れられていない』と感激する」。こうした感情は若い人ほど薄れ、深沢さんは危機感を感じている。「多少なりとも皇室への思いがあるのは、戦前移住者の2世ぐらいまでではないか」。来日経験のない日系3世のリリア・マスヤマさん(22)と2世のアウミル・カジハラさん(40)は天皇陛下の顔も知らず、特段の感慨もない。だがそれでも天皇という言葉からは「日本の『伝統』や『歴史』を連想する」と口をそろえた。

日本でもとらえ方の違いはある。一般の市民に聴いてみた。神戸市の元会社社長阪本弘克さん(75)は「天皇は、日本を想起させるだけでなく、日本人の平和や繁栄への思い、メンタルなものをも想起させる存在になり得ている。それは令和の天皇陛下へも引き継がれていると思う」と語る。国の制度としての存在を、疑問を抱くこともなく受け入れているような見方もある。東京都の大学生辻村純香さん(18)は「受験勉強の影響もあって『日本の象徴』という印象が強いから、日本を連想します」。

神奈川県の会社員祢津悠紀《ねつゆうき》さん(36)は「生身の人間だからこそ、天皇は国の永続性と同時に変遷も表現していると思う。新しい天皇陛下には『現代の日本』を連想します」と話した。

一方で「連想しない」という沖縄県の飲食店経営の女性(37)は「戦争で沖縄は日本に捨てられたと聞きます。だから恨みがあるというのでは全然ないけど、皇室はすごく遠くて、米国の方がずっと近い存在。8歳の娘は『天皇陛下は日本で一番偉い人』と言っていますが、学校でそう習うんでしょうね」と笑った。

## 誇らしく、典型的な存在　――日本人の「特質」具現化

19年9月25日配信

「誇り高い日本人の国を連想するよ」。初めて目にするという天皇陛下の写真を前に、英連邦オーストラリア・ビクトリア州に住むフィッシングガイドで料理人のスコット・マクファーソンさん（53）は、そう話した。「エリザベス女王も誇り高いレディーだし、国のシンボルには誇りが必要だ。そうでなきゃ、僕らが誇らしく思えないだろ？」。英国のエリザベス女王はオーストラリアの元首でもあり、彼にとっても国のシンボルだ。誇らしい――。そう思わせることは、君主や天皇として必須なのだろうか。

19年5月、国賓のトランプ米大統領を接遇した際の天皇、皇后両陛下が、通訳を全く必要としない語学力をまざまざと見せたのは記憶に新しい。

普段皇室に興味はないという横浜市の男性会社員（40）は「欧米文化に慣れたしぐさで大統領を迎えた姿に、多くの国民が理想の日本人像を重ねたはず」と話す。「天皇や皇后は余人をもって代えがたい存在。われわれの代表として堂々と仕事する姿を見るのは日本人として誇らしい」

東日本大震災の際、甚大な被害にもかかわらず、多くの日本人が見せた整然とした態度は、世界から称賛された。「自分の国なら津波以上の無秩序が起きただろう」と語る外国人もいた。震災直後、現在の上皇さまはビデオメッセージで、冷静な行動を国民に呼び掛けていた。

天皇は「冷静さ」「礼儀正しさ」「忍耐強さ」「勤勉さ」など日本人の美質と言われるものを「具現」（picture）すると同時に、歴史や文化などの伝統を自らの身にまとう日本人の「典型」（typification）とすることも可能だろう。

スペインの大学で近代法制史を研究し、天皇制にも関心を持つカルロス・ペレスさん（51）は「天皇は、わ

れわれに日本人の特質と伝統を想起させる。それはとても肯定的な感情で受け止められていて、現天皇は父と同様に、日本に安定性をもたらしていると考えられている」と語る。

第126代と言われる天皇陛下。歴代天皇にはそれぞれ命日があり、没後500年とか250年などの節目が年に何度もやってくる。その「式年祭」を行うため、陛下はその都度、その天皇の事績や時代の歴史を専門家に学んでいる。

また、多くの和歌を詠み、日頃から一流の歌人に指導を受けている。宮内庁のホームページには「正倉院などに収蔵されている宝物や御物は勅封（天皇の命による封印）によって保存されている」とあり、天皇が文字通りの「伝統と歴史の継承者」であることを印象付けている。

## 国民や国に「成り代わる」——象徴の姿、新たな道

19年9月26日配信

「どうもありがとう」「みなさんをよろしくお願いします」「生きていてくださってありがとう」。上皇后美智子さまは被災地の避難所でスタッフや被災者らに声を掛ける際、よくこんな言葉を口にされていた。

どうして皇室の方にそんなことを頼まれたり、感謝されたりしなければならないのだろう。まるで「保護者」であるかのような独特の言い回しに奇異な印象も受けるが、上皇ご夫妻の側近を長年務めた渡辺允元侍従長は「ありがとう」というスタッフへの感謝の言葉についてこう語る。

「国民に寄り添うことを何より大事に考えてこられた。完全に被災者の気持ちになりきることはできないにしても、なるべくその人と一体化しようとなさる。それが自然にこういう言葉になる。私はそう解釈していました」

一方で、こんな見方をする関係者も少なくない。「お見舞いしたいけれど遠くて行けない。できることなら励ましたい。慰めてあげたい。そんな多くの国民の気持ちを『代わりに届けに来ました』というお気持ちなのではないでしょうか」

青山学院女子短大の高野嘉明教授（英語学）は「象徴」や「代表」と訳すことができる「representative」の、隠されたもう一つの意味を解説する。

「この語は動詞の『represent』に由来しますが、そのさまざまな意味の基になっている最も基本的なイメージは『代わりとなる』というものと考えられます。『代表する』『典型となる』『表す』などには、すべてその意味が含まれています」

「日本」そのものを代わりに表す。国民の気持ちの代理となる。典型的日本人を代表し、誇りに思える振舞いを示す。

こうして「何ものかに成り代わる」ことが「象徴」の根源的な意味だとしたら、新しい天皇、皇后両陛下には、成り代わるべき国民の気持ちや日本人の姿が、まだまだたくさんあるはずだ。

環境、少子高齢化、格差社会、虐待。両陛下は皇太子時代から多くの現代的なテーマに関心を示してきた。こうした問題や苦境の中に身を置く人たちに「声を掛けてあげたい。自分の気持ちを届けたい。誰も分かってくれないわけではないことを知ってほしい」との思いを抱いている人は多いだろう。自分にはできないが、こういう人がこの国にいてほしいと願う人もいるだろう。

「国民は皇室に何をしてほしいか、もっと声を上げていいと思う」と、ある有識者は話す。その新たな声をすくい取り、政府や宮内庁と共に検討し、ふさわしい行為を成す。それこそが、平成とは違う「新しい象徴の姿」ではないだろうか。

# 第2章

# 「記者が見た新両陛下」

天皇陛下がまだ「浩宮さま」と呼ばれていた頃から、記者たちはその言動を追い掛けた。雅子さまとのご結婚、愛子さまご誕生。歴代の宮内庁担当記者が見たものとは―。

## 生真面目な新人外交官

――食堂でおしゃべりランチ　土屋美明　２０１９年5月3日配信

お妃候補に外交官の「小和田雅子さん」―。スクープ記事が載った女性週刊誌が１９８７年12月に発売された。外務省担当の私は朝早く、東京・霞が関の外務省に入った。当時勤務していた国際機関2課をのぞいたが、本人は不在。記者クラブへ戻ると、各社の電話が次々に鳴り始め、記者やカメラマンの出入りも激しくなった。

しかし私は平静でいられた。共同通信の「お妃取材チーム」は半年以上前に彼女の存在を把握し、取材を進めていたからだ。浩宮さま（現在の天皇陛下）と2人だけの交際に発展していることも、その日の女性誌に記事が載ることも知っていた。

取材開始当時は米ハーバード大を卒業後、東大を中退し、外交官になったばかりの女性だった。国際機関2課は私の担当ではなかったが、それとなく訪ねて経済協力開発機構（ＯＥＣＤ）担当などの仕事ぶりを観察した。食堂で近くに座り、課員らと楽しそうにおしゃべりするランチ風景を見ることもあった。少し硬い印象だったが、真面目な人柄が感じられた。

同省幹部らからも話を聞くと、出会いは入省前の86年、スペイン王女を迎えた東宮御所でのパーティーだったことが分かった。この幹部は東宮侍従の経験があり、浩宮さまがお妃にふさわしい方と自然に出会えるように周りが配慮して小和田家を招いたと明かした。浩宮さまは好印象を持たれた様子だったという。

取材が進んでいた87年末、本人の自宅近くにいた同僚記者が、たまたま出会った女性誌の記者から、記事を書くと知らされた。発売の前日、私は同僚と2人で外務省官房長室を訪ね、父親の小和田恒《おわだひさし》氏に話を聴いた。女性誌に記事が出ることを伝え、こちらがつかんでいたデートの日時、場所などを示して、結婚の意思を尋ねた。恒氏は肯定も否定もしなかった。

その半年後、彼女は英オックスフォード大へ留学。私も外務省担当を離れた。英国でも記者に追い掛けられたが、はっきりと結婚を否定し、話は立ち消えになった。

省内では、「姉さん女房タイプの人の方がお妃に向いている」という声や、現職幹部の娘で他に3人のお妃候補の名前も挙がっていた。

平成になり、浩宮さまは皇太子に立場が変わった。しかし英国からの帰国後も各界関係者らからの働き掛けは続き、93年1月に結婚が内定。2人ともすっかり落ち着いて見えた。6月に結婚の儀。私は皇居・宮殿前でお二人を待ち、にこやかにパレードの車に乗るのを見送った。末永くお幸せにと念じながら。

## ご結婚「長い道のり」経て　――いつか2人で富士山へ

丸山慶一　19年5月4日配信

皇后雅子さまとの結婚が内定する前年の1992年末、天皇陛下は学友に結婚相手を明かし、「ここに到達するまで長い道のりでした」と述懐された。「誰にも言ってない。まだ100パーセントになっていない」とも。それより少し前「僕より若くて語学がうまい子と付き合っている」とうれしそうだったという。出会いから5

年余り。「長い道のり」との思いは実感だっただろう。

88年2月、陛下は誕生日会見でお妃選びを富士登山に例えた質問に「7、8合目でしょうか。山頂が見えていてもなかなかそこにたどり着けないという感じ」と回答した。私は「そこまで進んでいるのか」とドキリとした。その「山頂」は皇后さまだったはずだ。

半年後の8月、陛下は富士登山をした。8合目の山小屋に泊まり登頂を目指した翌日、豪雨と濃霧に見舞われ登頂を断念。私もどろどろになって転げ落ちるように下山した。「お妃選びも今日みたいにならなきゃいいけどな」と記者同士で冗談を言い合った。

実際、皇后さまのこともいったん「下山」を余儀なくされ停滞した。学友は「好きだったけど駄目だったということになり、学習院同級生の間では、何となく彼女の名前を出してはいけない、との雰囲気だった」と話していた。だが、陛下は宮内庁幹部を説き伏せてプロポーズし、「山頂」を極めた。その粘り強さには敬服する。

陛下の登山には鹿児島の開聞岳《かいもん》、奈良の大峰山《おおみねさん》、山梨、長野県境にある甲斐駒ケ岳や仙丈ケ岳にも同行した。登山道に張り出した枝は事前に切られ、一般登山客との触れ合いは警備の都合上、制限された。側近は「本来の登山の姿ではない。本人もよく分かっているが、立場上あきらめているようだ」と話し、「皆さんはせっかくの機会なんだから、どんどん（陛下に）話し掛けてくださいよ」と私たちをけしかけた。気さくで飾らない素顔を知ってほしかったのだと思う。

学友は「大変な情熱家だが、自分の感情をなかなか表に出さない」と評した。ある時「この方ならばという女性がいたら、もう少し素直に気持ちをおっしゃった方がいいですよ」と言うと、陛下は「自分の思うところを自然に話せるような女性が現れることを期待しています」と答えたという。その言葉通り、陛下は「全力で守ります」と皇后さまに素直な気持ちを伝えたのだ。

記者会見の受け答え、水問題などへの取り組みを見ても、陛下は真面目で誠実で粘り強い。上皇さまの思いを引き継ぎ、新たな「令和流」を築いていかれるだろう。いつか、皇后さまと富士山登頂を果たしてもらいたい、と願っている。

## 皇室に新風、清冽《せいれつ》な会見 ——本領発揮、活躍を確信

宮城孝治　19年5月5日配信

レモンイエローのワンピース姿が鮮やかだった。1993年1月19日。皇太子時代の天皇陛下との結婚が内定した直後、東宮仮御所で記者会見があった。皇后さまはまだ「小和田雅子さん」だった。皇室にさわやかな新風が吹き込んだ。

われわれの質問は、結婚を決意した「胸の内」に集中した。外交官としての道が明るく開けていたのになぜ。皇后さまは「私の果たすべき役割は皇室という新しい道で自分を役立てることなのではないかと考え、決心しました」と答えられた。

悩んだ末に皇室で自分を役立てる道が見えた。だから迷いはない。真っすぐな人柄を実感した。陛下の情熱なしに、皇后さまの「新しい道」もなかった。「一生全力でお守りします」の言葉が道を切り開いた。これがお二人の結婚の姿だった。

皇太子妃が誰になるかは当時、宮内庁担当の最大のテーマだった。取材合戦が終わってみれば、最も優先されたのは、陛下の情熱だった。皇室だから、皇太子妃だから、一般の結婚と異なる決まり方をするのでは。そんな自分の見当違いに恥じ入った。本人の気持ちを大切にするのが、上皇、上皇后さまが築いた平成皇室の信条だ。それが貫かれていた。

皇后さまにとって、皇室の道は結婚直後から平たんではなかった。一つは、いつも「人の目」があることだった。行く先々にカメラが並ぶ圧迫感。あくびや居眠りの瞬間を狙ってグラビアにする雑誌もあった。結婚8カ月後の会見で「常に大勢の人に見られることはなかったので、最初は驚きを感じた」と話した。ストロボを嫌がるようになった。

身の回りの世話をする職員は、私的空間にも入ってくる。皇宮警察の護衛官も身近にいる。幼い頃から多くの職員に囲まれていた陛下と違い、強いギャップを感じられただろう。

もう一つは、外国訪問の機会に恵まれなかったことだ。外交官と皇太子妃、二つの道が重なるのは「皇室外交」と呼ばれる国際親善だった。

結婚後1年半で初めて外国訪問が実現。「新婚旅行」はサウジアラビアなど中東4カ国だった。イスラムの慣習から男女別々に宴席があるなど陛下とは別行動の日程が多く組まれたが、女性同士の交流を全て外国語で応じ、元外交官の本領を発揮した。快活な笑顔に接し、これから活躍の舞台が広がっていくものと確信していた。しかし、その後の道のりではそれが十分にかなわなかった。

清冽な結婚内定会見から26年。新しく広がる皇后の道を自分流で貫いてほしいと祈っている。

## 記者に向け「頑張って！」 ——海外でフランクな皇后さま　宮川さおり　19年5月6日配信

海外で暮らした経験がある私にとっては、「すとん」と落ちる言葉だった。「外国訪問をすることはなかなか難しいという状況は、正直申しまして、適応することに、なかなか大きな努力がいりました」

2002年12月の記者会見で、皇后さまは長い間外国訪問がかなわなかった(4)ことへの率直な気持ちを吐露された。外国生活が長く、外交官として活躍した皇后さま。その気持ちは私以上だろう。

会見は、約8年ぶりの天皇、皇后両陛下お二人そろっての外国親善訪問となるニュージーランド、オーストラリア訪問を前に行われた。長女愛子さま誕生の約1年後のことだ。

だが、宮内庁や周辺の取材では、皇后さまの発言に対する戸惑いの声が聞こえてきた。要は「お世継ぎが先決なのだから仕方がないだろう」ということだ。「まず国内だろう。なんで外国なんだ」という反発もあった。

訪問前、皇后さまはこうも話された。「(今回の訪問は)本当にありがたいことと思っております」。陛下も「2人での訪問は、私1人では気が付かないようなことにもいろいろ気付かせてくれる、実りの多いもの」。

この訪問に私は同行した。国際親善にかけるお二人の意気込みは随所にみられ、できるだけ多くの人に喜んでもらおうと気さくに振る舞っているのが分かった。

訪れた先で居合わせた観光客に皇后さまが話し掛け、陛下が話の輪に加わるという場面もあった。随行が多く警備も厳重で、国民の多くが敬意という一種の「距離感」を持つ国内では見られない光景だ。

フランクな現地の雰囲気に、お二人もリラックスしたようだった。特に皇后さまは結核で長期入院する少女にキスをしたり、テレビの直撃取材に即答したり、身近な存在を印象づけた。

ニュージーランドで博物館を視察していたときのことだ。記者の列の最後尾で取材することに飽きた私は、勝手に離脱。ゲームのコーナーに吸い寄せられた。かけっこをして恐竜と競走し、遅ければ「恐竜のえさ」になってしまう。よーいどんの格好をしていると「頑張ってね！」と声が聞こえた。観光客だと思っていた私は、振り向きもせずに片手を上げて応じたが、「えさ」になった後、記者仲間に「あれ、妃殿下だよ」と言われて、声の主が皇后さまだったことを知り、脂汗をかいた覚えがある。

今後、皇后さまの体調が回復するにつれ、海外訪問も増えるだろう。皇太子、皇太子妃時代とはその重みや意味も変わってくる。そんな中で、どのような親善スタイルをお二人が示されるのか、楽しみだ。

## 両立に悩んだ「皇太子妃」――自分自身と立場のはざま

宮川さおり　19年5月8日配信

「雅子さまの様子がおかしい…」。最初にそう感じたのは2003年11月。バレーボールのワールドカップ（W杯）の試合を天皇陛下と共に観戦されていたときだった。熱戦に沸く会場で、孤独な遠い目をして座っていた姿は忘れない。いつも快活に笑う皇太子妃時代の皇后雅子さまから生気が消えていた。長期療養の発表があったのはその直後だった。

夏ごろから公務を休みがちで、宮内庁は「公務と、愛子さまの子育てを両立しようとする中での疲れ」と説明していたが、私は内心「24時間身の回りをする職員がいるのに、なぜ両立で悩むのか」と疑問視していた。静養が長引くにつれ、記者会の中や週刊誌報道では「単なるわがままなのでは」といった声が出始めていた。

だが、関係者取材をするうちに、悩んでいるのは「公務と子育てとの両立」ではなく、「自分自身と皇太子妃という立場との両立」ではないか、と考えるようになった。当時、ようやく愛子さまを授かった天皇、皇后両陛下に対する「世継ぎプレッシャー」は強まる一方だった。そして、女性の方が、より圧力を感じるのは、皇室も一般も変わらない。

皇太子妃には、すでに本人が兼ね備えていたような教養、品格だけでなく、跡継ぎを産むことが求められる。だが、子どもを授かるかどうか、さらに男の子を授かるかどうかを「どうにかすること」は皇太子妃といえども不可能だ。独身時代、実力と努力でハーバード大卒の外交官という経歴を手に入れた。結婚前のそうした世界の価値観とは全く違う環境に身を置いていたのだろう。

直接本人に確かめるすべはなかった。だが取材では、自分ではどうにもできないことに、長きにわたって向き合い続け、逃げることも降りることもできずに追い詰められる1人の女性の姿が浮かんだ。その後、公務復帰を見届けることなく私は担当を離れた。

この間、皇嗣秋篠宮ご夫妻に悠仁《ひさひと》さまが誕生、愛子さまも高校生に成長された。皇后さまがどう心の内を整理していったのか、あるいはしなかったのか。取材に携わっていない私には分からない。ただ、最近テレビに映る姿を見る限り、本来の笑顔を取り戻したように見受ける。

近しい人々を取材すると、活発でリーダー的な人柄のほか、生真面目で努力家、我慢強いといった一面が語られる。皇后となり、これまで以上に周囲の期待は大きくなる。その期待に応えようと努力されることだろう。

自分らしい皇后になってほしい。無理はしないでほしい。せっかく取り戻した笑顔を、二度となくさないでほしい。

## 父の苦悩とジレンマ ――「愛子天皇」にためらい

三井潔　19年5月9日配信

父としての苦悩をのぞかせたのだろう。「ちょっと待ってほしい」。皇太子時代の天皇陛下が2004年春ごろ、周囲にためらいを漏らされた。皇位継承者不足に危機感を抱いた小泉純一郎政権が04年春、ひそかに女性・女系天皇を容認する皇室典範の改正方針を決め、宮内庁幹部が内々に陛下に伝えたときだった。

当時、陛下より年下の皇位継承資格者は弟である30代後半の秋篠宮さまだけだった。なぜ陛下は天皇家の危機に対処する政府の決断に戸惑いを見せたのか。

長女愛子さまはまだ2歳、皇太子妃だった皇后さまは前年から体調を崩し療養中だった。典範改正が実現すれば「愛子天皇」が将来誕生することになる。周囲はこの時の陛下の心中を明かしてくれた。「皇后さまの体調は万全ではなく、愛子さまに天皇家の家長として歩む重い運命を負わせるのには、迷いがあったのだろう」

小泉政権は「天皇家」の内諾を得て、有識者会議を立ち上げて典範改正に動きだそうとしていた。しかし「(陛下の)一言で有識者会議の発足は半年以上遅れた」。

天皇だった上皇さまの胸中は複雑だった。「このままでは将来天皇家がなくなってしまう」。「家長」の心痛は深く、政権の判断を心待ちにしていたという。父と長男の心境のすれ違いに、天皇家のジレンマを感じた。

小泉政権は有識者会議を発足させ、05年に女性・女系天皇を認め長子優先とする結論をまとめた。これを受け、事実上「愛子天皇」を想定した典範改正に小泉政権が踏み切ろうとした06年、秋篠宮家に長男悠仁さまが生まれるという皇室の慶事があった。

悠仁さまの誕生だけで本質的に継承者不足が解消されたとはいえないが、政府関係者は「『愛子天皇派』と『悠仁天皇派』という対立の構図は避けたかった」と語っていた。女性・女系天皇に猛反発する保守派の意向もあり、典範改正は幻に終わった。

陛下はその時「ちょっぴり安心した様子だった」(宮内庁関係者)という。まな娘が、天皇家の重圧から解放される安堵感からだったのだろう。

その後、女性皇族が結婚後も皇族として残る女性宮家の議論があったが頓挫。天皇の担い手不足という苦境は、代替わり後も同じだ。

政治的な権能がない天皇が、自身の家の跡取りを決められない。現行憲法下での天皇家の「宿命」だ。だが、悠仁さまだけにその重責を負わせるのか。天皇家の危機は去っていない。陛下はこの課題にどういう思いで向き合うのだろうか。

# 機嫌うるわしい笑顔　——外交の資質、全て備わる

大木賢一　19年5月10日配信

EL PRINCIPE DE LA SONRISA（ほほえみの皇太子）。2008年7月、スペインを訪問された天皇陛下は地元新聞の見出しで、こう書かれた。

同行していた私は、用意されたプレスルームにいくつもの地元紙が積んであるのを見たが、スペイン語は全く分からない。しかし大きく掲載されているのは、どれも自然な笑顔を見せる陛下の写真だった。

「SONRISA」が「ほほえみ」を意味すると知ったのは帰国後だった。いくつもの新聞が同じようにこの言葉を使っていたのを知ったのは、ごく最近だ。当時のスペイン大使で、陛下を現地で案内した吉川元偉《よしかわもとひで》国際基督教大特別招聘《しょうへい》教授に教えてもらった。

同行記者は通常、記事を書くことに専念し、写真はプロのカメラマンに任せるものだが、この時は会社がカメラマンを派遣しなかったため、私が二役をこなした。腕に全く自信がないので、とにかく必死で多くの写真を撮りまくった。確かにどれを見ても、陛下はいつも穏やかにほほえんでいた。

首都マドリードのプラド美術館見学、両国友好の証しとして渡された「マドリード市の鍵」(5)の授与式、フェリペ皇太子（当時）らとの夕食会。どこでも新陛下はほほえんでいたが、特に印象に残っているのは、「ドンキホーテ」の舞台として有名なカスティーリャ・ラ・マンチャで見せた笑顔だ。乾いた丘に並び立つ風車の説明を受ける陛下は、自分でもカメラを手にして写真を撮り、雲一つ無い空をバックに、ほほえみというよりはもっとうれしそうな表情を見せた。真っ青な空に、風車の壁の白さが映えて、とても絵になる光景だった。

元ドイツ大使の神余隆博《しんよたかひろ》関西学院大教授に聞いた話だが、外交官たる者は必ず読むとされる英国のハロルド・

ニコルソンの「外交」という本に「外交官が持つべき七つの資質」が書かれている。その一つに「よい機嫌」というのがあり、陛下と接すると、この言葉を思い出すという。

誰と会っても、どんな状況の時でも、同じようにご機嫌うるわしくいられる性質。政治家には不機嫌さを顔に出して隠そうともしない人が少なくないし、世界の王族でもそういう人はいるのだろう。だからこそ、陛下のいつも変わらぬ穏やかな表情はメディアの気を引き、「ほほえみの皇太子」と呼ばれたのだ。

「七つの資質」の残る六つは、「誠実」「正確」「平静」「忍耐」「謙虚」「忠誠」だ。「陛下には全てが備わっている」。神余教授はそう話した。

## 皇后さま、突然お声掛け

――回復期に立ち会う

羽柴康人　19年5月11日配信

「いろいろありがとうございました」。2013年6月10日、天皇陛下のスペイン公式訪問の出発場面を取材するため、宮内記者会の各社と共に東宮御所の玄関前に並んでいた際、皇后さまから突然、お礼の言葉を掛けられた。この日は、両陛下の結婚20年の翌日。各社が特集記事を出していた。そのことに対するお礼だった。

いつものように皇后さまが、天皇陛下を玄関まで見送り、陛下はそのまま車に乗り込む。車が東宮御所から走り去っていくのを見届け、緊張感が緩んだところで、皇后さまがおもむろに記者の前に歩み寄ってきたのだった。普段の公務でも私的に記者と会話を交わすことはない。全く異例の「お声掛け」だった。

当時は、「雅子さまバッシング」とも言える週刊誌報道があった時期で、皇后さまにはマスコミ不信があると思っていただけに、驚くと同時に、療養からの「回復」を感じ、素直に良かったという気持ちになった。

東宮職幹部は「ご夫妻は、結婚20年報道で、もっと批判的な記事が出ると予想していた。だが、実際は好意的なものが多かったため、大変感謝をされていた。お声掛けはその表れだ」と解説してくれた。

11年夏に宮内庁担当になった頃、皇后さまは公務欠席が目立つ「低空飛行」を続けていた。当時は、学習院初等科4年だった愛子さまの不登校が話題になっていた。皇后さまは連日の付き添い登校を続けていた。11年9月には、山梨県の山中湖で行われた校外学習に皇后さまが同行したことが「母子密着」などと週刊誌でたたかれたこともあった。

だが、その頃から付き添い登校が減り始め、同年末には、1人で登校できるようになった。後の初等科卒業式の際、愛子さまを幼稚園から見守ってきた学習院の東園基政《ひがしそのもとまさ》常務理事が「管弦楽部の朝練習や、山中湖での校外学習が良いきっかけとなり、通学不安を解消された」と話していた。

不登校問題が解決に向かうにつれ、皇后さまが公務に臨む機会も増えた。東宮御所で記者への「お声掛け」があった約1カ月前には、ご夫妻でオランダを公式訪問し、11年ぶりとなる海外公務を果たした。

同年秋、ご夫妻で東日本大震災の被災地・福島県を訪問。子育て支援施設で、城の形をしたエアマットに乗った皇后さまは子どもたちと一緒に跳びはねた。普段あまり見せない、楽しそうな笑顔だったのを覚えている。

いまだに療養が続く皇后さまだが、その後の経過を見るに、「回復期」に立ち会えたのだと感じている。

## 孤独な旅、不可欠な伴侶　――天皇に代わりはいない

坂口貴　19年5月12日配信

「皇太子さまは、雅子さまが一緒だと張り切って公務をされるんだよ」。宮内庁担当になったばかりの2015年春、宮内庁職員や庁舎2階にある記者室に詰める他社の先輩からこう教わった。「そんなものか」と思う半面、疑問がわいた。「妻がそばにいるかいないかで、仕事への向き合い方が変わるような皇族ってお

かしくないか」

数カ月後、皇太子夫妻当時の天皇、皇后両陛下のトンガ訪問(6)に同行する機会を得た。適応障害のため長期療養中の皇后さまにとって、海外訪問は約2年ぶりだった。

3泊4日の日程の中、メイン行事は国王の戴冠式への出席だった。そこには両陛下で臨まなければならない。そのため、滞在中に予定されていた現地の人々と交流する場には陛下一人が出向き、皇后さまは宿舎で静養することになっていた。

戴冠式の翌日、サプライズが起きた。陛下が日本大使館で在留邦人や日系人と懇談する場に、皇后さまも急きょ同席するというのだ。同行記者の足として用意されていた古い日本製の観光バスの中で宮内庁からの発表を聞き、チャンスだと感じた。陛下はそれまでの日程もそつなくこなしていたが「皆が言うように様子が変わるのだとしたら今だ」。胸が高鳴った。

エアコンの効いていない部屋で、汗だくになって30分ほど待機していると、両陛下が入ってきた。そこで見せた皇后さまのコミュニケーション能力は目を見張るものがあった。

流ちょうな英語で人々の輪に入り、話題が途切れることがない。ざっくばらんな物言いに相手も自然と緊張が解け会話が弾む。療養中であることを感じさせない快活な姿に陛下も触発され、言葉数が増える。充実した懇談の席だった。

そのとき感じた。天皇とは孤独な存在ではないかと。陛下は当時皇太子だったが、将来自らが担う象徴の務めを意識して公務に臨んでいたはずだ。日本の各地、世界各国で多種多様な人と会い、日本の象徴として触れ合う。代わりがいない重い職責をサポートしてもらえる人がいるとしたら、そばに付き添うことが許されている妻ぐらいしかいないのだ。

陛下は皇后さまの支えを受けたときの方が、象徴としての務めをこなしやすいのだろう。それは表情にあふれていた。「張り切る」という表現とは少し違った。

不眠がちだった皇后さまに朝まで付き添うなど、慣れない皇室で苦しむ伴侶を長年支えてきた陛下。これから続く天皇としての旅路には、体調が回復しつつある皇后さまの同伴が欠かせなくなるだろう。

## 親しみやすさ、圧倒的　――フランスで見せた素顔

斉藤範子　19年5月13日配信

海外のおおらかな雰囲気の中、天皇陛下はリラックスされているように見えた。皇太子時代の2018年9月のフランス訪問(7)に同行した時のことだ。スケジュールが分刻みで組まれる中、海外では予定調和で進まないことやハプニングばかり。しかし、そのおかげで陛下の素顔に接することができた。

皇太子として最後の海外訪問だった。天皇になれば国賓で迎えられることが多く、警備態勢は厚くなり、随行員も大幅に増える。陛下にとって、自由な空気を満喫する最後の機会でもあっただろう。

滞在中、新天皇像の一端を垣間見た出来事があった。パリ近郊の日本人学校を訪れた時のこと。小学4年の社会科授業で「水の使われ方」についての発表を見た陛下は、教師に「ご感想を…」と振られ、黒板の横に立ち、語りだした。

「私たちはどうしても、蛇口をひねれば水が出てきて、水を使えるのは当たり前のことのように思ってしまう」。30年前にネパールで水くみをする女性や子どもを見たことを振り返りながら、手ぶりを交えて2分間、水の大切さを訴えた。

環境や貧困の問題につながる「水」を研究する陛下のアドリブの「授業」。当初は発表を見るだけの予定だっ

たが、学校到着が早まって時間調整が必要になり、側近が感想を話すことを提案すると、快諾したという。

陛下は記者会見で、未来を担う若者を応援するメッセージを口にすることが多い。異例の授業を教室の後ろで見ていた私は、新たな時代の象徴像を見た気がした。

現地では気さくな姿にも何度も触れた。リヨン近郊の日本人の補習授業校を訪ねた際は、こんなやりとりがあった。

4歳の女児に「プリンスですか」と問い掛けられ「そうです」と答えるも、「頭が違う」と言われてしまった陛下。王冠を着けたプリンスをイメージする女児に、陛下は冠を着けるしぐさをしながら「持ってくればよかったですね」と一言。周囲は笑い声に包まれた。

現地の若者との交流でも印象的な場面があった。パリの学校で日本語を学ぶ中高生らに対し、陛下が唐突にフランス語で話し掛けた。内容を生徒に聞いてみると「高校生の時にフランス語を勉強しましたが、うまく話せません」とのことだった。場が和んだのは言うまでもない。

学校を去る際には、教室の窓という窓から生徒らが顔を出し、日本語で口々に叫んでいた。「殿下、さようなら」。車に乗り込もうとした陛下はうれしそうな表情を浮かべ、声がやむまで手を振り続けた。畏敬ではなく、陛下の圧倒的な親しみやすさが生み出した光景。日本でも近い将来、見られる日が来るだろう。

天皇陛下は、皇后雅子さま、長女愛子さまとの3人暮らしだ。両陛下がどのように出会い、結婚し、どのように子育てをされたのか。ご一家の人柄をしのばせる記事を19年5月に配信した。

## 支え合い25年、困難に対応
——守ったプロポーズの言葉

19年5月2日配信

天皇、皇后両陛下は2018年6月、結婚25年の銀婚式を迎えられた。「一生、全力でお守りします」。そのプロポーズの言葉通り、天皇陛下は皇后さまを守り、支え合って困難に立ち向かってきた。

「価値観が同じである人」「控えめではあるが、必要なときに意見が言え、外国語のできる人」。陛下は1985年、英国オックスフォード大での留学から帰国後の記者会見で、理想のお妃《きさき》像をこう表現した。

出会いは86年10月、当時の東宮御所で開かれたスペインのエレナ王女の歓迎会だった。米国ハーバード大を卒業し、東大で学んだ皇后さまは外務省試験に合格していた。

友人を交えた交際がひそかに始まったが、祖父が水俣病を起こしたチッソの社長だったことが問題視され、交際は中断。外務省に入省後、皇后さまは88年から約2年間の英国留学へ旅立った。

陛下は周囲に皇后さままではだめかどうか、何度も話したという。陛下の希望で92年8月に再会し、同年10月に千葉県の宮内庁新浜鴨場でプロポーズ。皇后さまは2カ月後、承諾の返事をした。

婚約成立後、陛下と共に会見に臨んだ皇后さまは、外務省を辞めて皇室に入ることに悩んでいる時、陛下から「僕が一生全力でお守りしますから」と伝えられたと明かした。皇后さまは「私の果たすべき役割は、皇室という新しい道で自分を役立てること。（陛下を）お幸せにして差し上げたいと思った」と語った。

93年6月、結婚した2人は皇居から約4㌔の道のりをパレード。沿道では約19万人が祝福した。

8年半後の2001年12月、長女愛子さまが誕生した。2年前に流産を経験した皇后さまは出産後の会見で「ありがとうという気持ちでいっぱい」と涙ぐみ、陛下がその背にそっと手を添えた。

ただ、「お世継ぎ」を求める重圧は消えず、皇后さまは03年12月から「心身の不調」で療養生活に。宮内庁はその後、「適応障害」と公表した。

公務を休むことへの批判が高まる中、陛下は翌04年5月の会見で「（皇后さまの）キャリアや人格を否定する動きがあった」と異例の発言。波紋を広げたが、皇后さまを守るための言葉だった。

それから15年、皇后さまの療養は今も続くが、ここ数年は公務に臨む機会が増え、着実な回復を見せている。

## 2人で愛情深く子育て

——愛子さま、不登校を克服

19年5月2日配信

愛情を持って子どもを育て、安らぎのある温かくて明るい家庭を築くことを心掛けてきた——。天皇、皇后両陛下は昨年、結婚25年を迎え、陛下は公表した文書で家族への思いをこう記された。長女愛子さま（17）は小学校で一時不登校となるなど困難な時期もあったが、両陛下は成長を愛情深く見守ってきた。

学習院初等科2年生だった愛子さまは、2010年3月ごろから登校できなくなった。宮内庁東宮職は同学年の複数の男児が乱暴な振る舞いをしたと発表したが、児童を巻き込んだ発表には批判も出た。愛子さまはその後、皇后さまに付き添われて登校し、一部の授業だけに出席する日々が1年半以上続いた。

皇后さまが登下校や授業に付き添うことに批判も出たが、11年末には一人で登校できるようになった。当時を知る関係者は「両陛下は批判も覚悟していた。子どもを守りたいという普通の親の姿だった」と振り返る。

学習院女子中等科3年生の秋には体調不良で約1カ月半にわたり欠席することもあったが、両陛下は辛抱強く見守っていたという。高等科に進学後は学校行事に積極的に参加するなど、学校生活を満喫している様子だ。

適応障害で療養中の皇后さまも、愛子さまの成長とともに体調が上向いているようにみえる。陛下は19年2月の誕生日に際した記者会見で、愛子さまに対し「これからの数年間は、自分自身が将来について、いろいろと思いを巡らせる時期。自身での思索を深めていってほしい」と期待を込めた。

## 英留学時の米学友 ――陛下祝福

19年5月2日配信

「1983年に知り合った当時から、ヒロは（即位の）覚悟ができていた」。天皇陛下の英国留学時代からの友人で、米南部ウェストバージニア州チャールストンの弁護士、キース・ジョージさんは、陛下は「伝統を尊びつつ変化も大切にできる。現代の天皇に最適の人物」と即位を祝福した。

オックスフォード大で2年間を一緒に過ごし、学生寮でも隣の部屋だったジョージさん。色あせた83年の米紙ニューヨーク・タイムズの切り抜きを大切に保管している。入学式で陛下と親しげに言葉を交わす写真が1面に掲載されている。

このときが初対面。幼少期の称号「浩宮」から大学で「ヒロ」と呼ばれた陛下と、アルファベット順で偶然隣りになった。大勢のカメラマンに驚くと、陛下が笑顔で「大丈夫。慣れるよ」。ジョージさんが「2人で話すそぶりをすれば、すごいフラッシュを浴びるかも」と顔を寄せると、その通りに。おかしくて2人で笑った際の写真だ。

「ユーモアにあふれたヒロとは友人になれそうだと強く感じた」と振り返る。学生に人気のパブにも気軽に出掛けた。陛下が友人たちにビールをごちそうするため紙幣を店員に渡し、おつりを受け取った。日本では自分で支払いをした経験がほぼなかったらしく、目を輝かせていたという。

ジョージさんがギターを弾き、即席のカントリー音楽の演奏を始めると、陛下はクラシック調のビオラで加わった。米歌手マイケル・ジャクソンさんのダンス「ムーンウオーク」をまね、周囲を大笑いさせたことも。

85年、陛下は留学を終え約3週間、米国を訪問。チャールストンから車で約2時間半の山間部の静かな町にあるジョージさんの実家に1泊した。

広い庭でクリケットを楽しみ、ブタのローストをほおばり、森を一緒に散歩した。「私が知る中で一番幸せそうだった」

その夜、陛下は寂しげに見えた。「留学は本当に楽しかったが、日本では自由はほぼなくなる。君とも簡単に会えなくなるかも」。ただ「(将来天皇に即位する)皇太子になる準備はできている」とはっきり話した。

その後も、ジョージさんは日本で数回、陛下と会った。皇后雅子さまとの結婚を祝う席にも出席し、電話や手紙のやりとりも続いているという。「寛大で優しい彼の人柄は、今後もっと知られるだろう。彼が象徴になる日本の皆さんは幸せだ」

ジョージさんはギターの腕を磨き、2017年にアルバムを発売した。自身の長女は、両陛下の長女愛子さまと同い年だ。いつか娘たちも一緒に会って、旧友とまたカントリーを演奏したいと夢見ている。

## 笑って会話、仲の良い家族 ——愛子さま同学年が見た素顔

19年5月2日配信

「あの子とぜひお話ししてみたい」。皇后さまが急に希望されたのは、「水」がテーマの作文を朗読した中学3年の女の子だった。2016年8月、東京・科学技術館で開かれた「水を考えるつどい」でのことだ。

女の子は、作文コンクールで最優秀賞になった富山県高岡市の前田野乃葉さん。愛子さまと同学年だ。5歳の時に祖父に連れられて見た蛍のことを書いた。

〈目にしたのは、漆黒の空に飛び交う箒星《ほうきぼし》のような光と、繰り返す光の点滅がまるで季節外れのクリスマスツリーのように見える山の木々だった〉

貴賓室に入ると、座っていた天皇、皇后両陛下、愛子さまの3人が立ち上がり、陛下が「作文、素晴らしかったです」と声を掛けた。皇后さまは蛍の描写に感動した様子で「目に浮かぶようでした」と褒めてくれた。

前田さんは今、富山有数の進学校、県立高岡高校の3年生で、関西の国立大を目指している。

中学ではソフトボール部だった。「愛子さまも学校でソフトボールをされたらしく、ポジションや捕球の難しさのことで盛り上がりました」。愛子さまは聞き役に回ることが多く、高校時代、ソフトボール部の主力選手だった皇后さまは「練習のため東宮御所の庭で私がノックしてあげることもあるんですよ」と教えてくれた。

「愛子さまは話し方がお父さんにそっくりで、ほほえましかった。同い年なのに背筋がぴんとされて、なんて上品な方だろうと思いました」と前田さん。「『勉強は教科を問わず好き。学ぶことが楽しいし、読書がとても好きです』とおっしゃっていて、きっと聡明《そうめい》な方に違いないと感じました」

水問題の専門家も同席していたため、難しい話が続くと、皇后さまが学校の話題を振ってくれ、優しさを感じたという。両陛下は何度も愛子さまの方を見ては顔を見合わせた。「とても楽しそうに笑いながらお話しされている姿がすごく印象に残っています。本当に仲の良いご家族なのだと感じました」

富山は水がきれいで、前田さんは将来、富山の魅力を国内外に知ってもらえるような職業に就くのが希望という。そして「ご一家で来県して、富山の水(8)の素晴らしさを御覧いただきたい」と考えている。

# 第3章「山と新天皇」

天皇陛下は「岳人」だ。幼い頃から登山に魅了され、これまでの山行回数は170回にも及ぶ。何時間もの忍耐の末に得られる爽快感や達成感。登山がもたらしてくれる多くのものは、陛下の人格形成に大きな影響を及ぼしたに違いない。山で会う人々は「たまたまそこにいた人」であり、町で出迎える人々よりも「普通の国民」に近い。陛下が国内各地を巡り、国民との「親しみ」を身につける素地ともなった美しい山の世界を紹介したい。2019年5月配信。

（大木賢一）

## 山への道、御所の中から ——幼い日の思いが原点に

学習院初等科1年生の時、天皇陛下は学校の先生に「富士山が見えますよ」と言われ、友だちと一緒に校舎の屋上に上がられた。

国立競技場の照明塔近くに、富士山が雲のように白く浮かび上がっていた。それを見て心を弾ませた陛下は作文に「ぼく、あんまりうれしかったので、おくじょうから、おっこちそうになりました」と書いた。

「外に出たくともままならない私の立場では、道を通ることにより、知らない世界に旅立つことができた」。陛下は1993年、幼少時代を振り返り、著書でこう書いたこともある。

ここで言う「道」というのは、塀に囲まれた東京・赤坂御用地で偶然見つけた古い街道(9)の跡のことだ。

浅間山での天皇陛下。陛下6歳（1966年8月）

この道の先には一体何があるのだろう。閉ざされた世界で育つことを強いられた幼い日の陛下は、想像の世界で塀の外へと飛び立ったのだろう。

やがてその「道」は、「山」へと続く登山道となった。陛下の初登山は、わずか5歳のときだ。場所は長野・軽井沢の離山。父と共に立った標高1200メートルほどの頂上が、陛下の人生を貫く柱の一つである登山の始まりとなった。

軽井沢は毎夏に家族で訪れ、周辺で登山を重ねた。5歳で小浅間山（1655メートル）、6歳で浅間山（2568メートル）の頂上に立った。火口をのぞき込み、硫黄のにおいにびっくりした。7歳の夏には、早くも3千メートル峰の頂に。長野県の乗鞍岳（3026メートル）で1500人もの人々が出迎えた。将来の天皇として行く先々で一挙手一投足が注目される存在だった。

奇岩で知られる北アルプスの燕岳《つばくろだけ》（2763メートル）に登ったのは中1の夏。砂地に咲く小さく可憐な高山植物コマクサの群生を目にしたかもしれない。

山頂の見晴らしは良く、北アルプスの盟主とも呼ばれる槍ケ岳（3180メートル）や穂高連峰を一望することができた。雲上にどこまでも広がる山々の世界は、圧倒的な美しさとして少年の心に焼き付いたに違いない。

頂上近くの山小屋「燕山《えんざん》荘」の主人の赤沼健至さん（68）は大学生だったが、小屋でアルバイトをしていた。当時のことを鮮明に覚えているという。「陛下はしっかりとした足取りで登ってこられた。一緒に来た学校の友人たちがみんな『疲れたー』と荷物を投げ出してひっくり返っていたのに、陛下一人は毅然として、疲れた様子も一切見せなかった」

槍や穂高は岳人の誰もが憧れる山だ。少しずつ経験を積んで、いつかは頂に立ちたいと思う。赤沼さんは、陛下がその山々を眺めながら「次は槍に行きたいな」とつぶやいたのを聞いた。傍らで警察関係者は「弱ったなあ」と頭を抱えていたという。

奇岩が連なる燕岳の山頂（2010年10月撮影）

槍の頂上直下は垂直に近い岩場で、はしごや鎖場が連続する。警護するにしても、ロープを使うなどして万全な安全を確保するには、大変な人手と手間がかかるだろう。相手は将来の天皇陛下なのだ。滑落や転落など万が一も許されない。

陛下はその後の登山人生で、槍や穂高に登ることはなかった。赤沼さんは「警備のこともあって、遠慮されたんでしょう。最も華のある山です。どれだけ登りたかったことか」と推し量る。

北アルプスの盟主・槍ケ岳（2010年7月20日、伊藤文博氏撮影）

その46年後の２０１８年夏、秋篠宮家の長男悠仁《ひさひと》さまは、母の紀子さまと共に、槍に登った。近年の登山ブームで頂上直下も整備が進み、安全性は当時より格段にアップしている。悠仁さまの登頂はそのせいからなのか、それとも立場の違いからなのか、それは誰にも分からない。

次の北アルプスは白馬岳（２９３２メートル）だった。当時13歳。真夏でも融けない日本三大雪渓の一つ「白馬大雪渓」を、アイゼン（鉄製の爪）を付けた登山靴で踏みしめた。１泊２日、白馬三山を縦走する山旅だった。

瑞牆《みずがき》山（２２３０メートル）や乾徳《けんとく》山（２０３１メートル）、金峰山（２５９９メートル）など、山梨県周辺の奥秩父の山々にも次々と登った。

すっかり青年の顔つきになった18歳の夏には、群馬・新潟県境の谷川岳（１９７７メートル）に足跡をしるした。ロッククライミングの名所「一ノ倉沢」⑩で知られるが、陛下が登ったのは一般登山道だった。

ガイドした中島正二さん（72）によると、陛下は

北アルプスの白馬岳の大雪渓に立たれる天皇陛下、13歳（1973年8月）

一ノ倉沢にも関心を示し、高さ千メートルもの大岩壁を見下ろせる場所に行きたがった。安全のため後ろからベルトをつかまれた状態で下をのぞき込み「すごい」と絶句した。中島さんは「登山道とは言え、700人以上の命をのみ込んだ『魔の山』谷川岳に登れたことに、非常に満足されていたようです」と話す。

北海道の大雪山・旭岳（2291メートル）には19歳で登った。地元の町職員だった庄内孝治さん（82）は案内役でもなかったが、どうしても山の上で「浩宮さま」に名物のジンギスカンを食べてほしくて、40

八方池から見た白馬三山。左から鑓ケ岳、杓子岳、白馬岳（2013年7月、森田秀巳氏撮影）

天皇陛下が上からのぞき込まれた谷川岳一ノ倉沢の大岩壁（2015年9月、羽根田治氏撮影）

谷川岳の稜線に立たれる18歳の天皇陛下（1978年8月撮影、中島正二氏提供）

人分の食材を3人で担ぎ上げた。

宮内庁側や山小屋で用意するもの以外の食べ物を差し出すのはご法度だが、陛下は食べてくれた。「はきはきした好青年でした」と庄内さん。食べ終えた陛下は「山でのジンギスカンはおいしいですね。ごちそうさまでした」と喜んでいたという。

陛下は後にこの山行を「リスに迎えられ、チングルマなどの数々の高山植物に見とれてしまう山上漫歩」だったと振り返っている。

南アルプスを歩かれる26歳の天皇陛下（1986年8月）

## 登山のピーク、20代の陛下
### ――周囲も驚く圧倒的脚力

学習院大を卒業した天皇陛下は、23歳で英国・オックスフォード大に留学された。街に出ても、自分を知らない人がたくさんいる。自転車で買い物に出掛け、パブでビールを飲んだ。日本とは比較にならないほど自由な生活を楽しむと同時に、山への憧れも消えることはなかった。

24歳だった1984年、イギリス諸島の最高峰ベンネビス（1343メートル）に登った。登山道は整備されているが、高さ700メートルもの北壁が、多くのクライマーや登山家を引きつける山だという。

翌年にはウェールズ最高峰スノードン（1085メートル）、イングランド最高峰スカッフェルパイク（978メートル）にも足を運んだ。後に山岳雑誌で「山頂付近まで羊にたびたび会いながらの登山であった」と、日本とは全く違う山の風景を書いている。

留学中にスイスを旅行したこともあり、グリンデ

26歳、八ケ岳での天皇陛下（1986年8月撮影、浦野栄作氏提供）

ルワルトから眺める冬のアイガー北壁やユングフラウなど、本場アルプスの迫力に圧倒された。

帰国後の１９８６年以降、陛下の登山は急激に増えた。登山歴のピークを迎えたと言ってもいいのではないか。

26歳の陛下は8月、初めてのテント泊を経験。南アルプスの荒川岳（標高３１４１メートル）から赤石岳（３１２１メートル）へ２泊３日で縦走した。同行した男性によると、陛下は「東宮御所の庭で妹と一緒にテントを張る練習をしてきましたよ」と話して周囲を笑わせた。

登山の際は大抵学校の友人と一緒で、不公平にならないよう、毎回違う友人を誘った。自分の荷物は必ず自分で背負う。この時はテントがあるため、陛下は20キロほどもある荷物を担いでいた。同行の警察や宮内庁関係者らは70人にも及んだという。

山上で記者団に「南アルプス南部の山はぜひ登りたかった。10年間憧れていました」と語り、「なぜ登山をされるんですか」と記者に問われると、「山

夕陽に染まる八ケ岳連峰。右が主峰・赤岳（2016年８月、山岳写真家塩田諭司氏撮影）

に登っている時は雑念がありません。登ることと景色を見ることに没頭しています。それが僕にとって魅力の一つでもありますね」と答えた。南アルプスは山容が大きく、アップダウンも激しいが、陛下は通常合計20時間以上はかかる道のりを歩き通した。

「白根三山はぜひ登りたい。穂高は時期をみて行きたい。上信越国境ならどこがいいですか。平ケ岳（11）なんかどうでしょう」。記者を相手に言葉が止まらず、「山ばっかり登っているからお妃が遅れるんです」と突っ込まれて「すみません」と苦笑した。

この頃の山行はほぼ毎週続く。同じ8月に北海道の利尻山（１７２１メートル）、翌週は八ケ岳連峰（長野・山梨県）を歩き、最高峰・赤岳（２８９９メートル）に立った。

八ケ岳を案内した硫黄岳山荘の浦野栄作さん（86）は「見える山々を説明したが、言われなくてもご存じの様子でした」と振り返る。夜はコケモモ酒やウイスキーを飲んだ。酒には強いと誰もが認める。小屋から望遠鏡を持ち出して、一緒に星空を眺めた。「おとなしい、素直な方でした」

87年はネパールを訪問する機会があり、ヒマラヤのアンナプルナ（8091メートル）を見た印象を「神々の峰」「想像する以上に遥かな高みから私を見下ろしていた」と表現した。

同じ年の夏には日本第二の高峰・南アルプスの北岳（3193メートル）を含む「白根三山」（山梨・静岡県）を歩いた。さらには、鹿児島県・薩摩半島の最南端で、海に突き出るようにそびえる「薩摩富士」開聞岳（924メートル）へも。88年8月には長野・富山県境の唐松岳（2696メートル）と五竜岳（2814メートル）へ。「山が大きく、どっしりしているところがいいですね」と話した。陛下は堂々とした山がお好きなのだろう。

天皇家に生まれ歴史を研究した者として山岳信仰にも詳しく、鳥取県の大《だい》山《せん》（1729メートル）や奈良県の大峰《おおみね》山（1915メートル）では並び立つ石碑などにも興味を示した。これら信仰の山への旅を「山々の歴史のぬくもりを肌で感じることができたように思う」と語っている。

南アルプスの甲斐駒ケ岳（2967メートル）も信仰の山だ。山頂付近は花こう岩で白く、ごつごつした独特の姿をしている。「黒戸尾根」は「日本三大急登」の一つで、頂上までの標高差は2200メートル。10時間近い登りがひたすら続く。

八ケ岳での天皇陛下（1986年8月撮影、浦野栄作氏提供）

ふもとから仰ぎ見る甲斐駒ケ岳。山頂左側の岩峰は「摩利支天」（2019年5月撮影）

同行経験者は口をそろえるが、この山を案内した仙水小屋の矢葺敬造《やぶきけいぞう》さん（72）も、30歳だった陛下の脚力に驚愕《きょうがく》した。「自分たちの方が付いていくのに大変なほどでした。でも、陛下は同行者に気を配って平等に声を掛け、ペースを調整して歩かれた」。包み込むようなおおらかさで人を導く人柄に、将来の天皇としての器を感じた。

夜は山小屋でともに酒を飲んだ。つがれるままに杯を進めるが、相手に合わせ、少しも乱れることがない。矢葺さんは中国・崑崙《こんろん》山脈の7千㍍峰登頂者だ。陛下は話を聞き「私でもそういう高い山に登れますか」と尋ねた。即座に「登れます。この尾根をこれだけの体力で登ってきて、登れないところなんかありません」と答えると、目を輝かせ、心からうれしそうな表情を見せた。

南アルプス・北岳を登られる27歳の天皇陛下（1987年8月撮影、斉藤敬文氏提供）

「甲斐駒」と呼ばれるこの山は、中央線の車窓から見ると、一種異様とも言える堂々とした山容が眼前に迫ってくる。陛下はその後、移動中にこの山を目にする度に思い出すらしく、矢葺さんは侍従から何度も電話をもらった。

「日本中の山の中で、最も陛下に似合うのは甲斐駒だ」。矢葺さんはそう思っている。「凛《りん》として堂々として純粋無垢で」。陛下の山。それが甲斐駒だという。

大菩薩嶺での天皇、皇后両陛下。陛下42歳、皇后さま38歳（2002年9月撮影、山梨県甲州市提供）

## 結婚後、増した親しみ
### ——続けられるか、今後の登山

天皇陛下は1993年6月、皇后雅子さまと結婚された。皇后さまもソフトボールやテニスが好きで、スポーツはお得意だ。子どもの頃に家族で北アルプスの白馬岳（2932メートル）に登ったこともある。

170回を超える陛下の登山だが、結婚の前後から「山ファッション」が急激におしゃれになったように感じられてほほえましい。

94年6月、東京・奥多摩の高水三山（793メートル）で初めての二人での登山が実現した。皇后さまは「木漏れ日の中、さわやかな風を受けながら2人で歩けて、心地よい気持ちでした」と話した。

94年9月には北海道・知床の羅臼岳（1661メートル）へ。地元博物館の元学芸員村田良介さん（65）は「普通のカップルの新婚旅行のような雰囲気でした」と話す。当初緊張していた村田さんは、ごく普通の登山者のような2人の様子にすっかり引き込まれてし

天皇、皇后両陛下がお二人で登られた北海道の羅臼岳から知床半島を望む（2013年7月撮影、自然公園財団知床支部提供）

まったという。

2人はずっとおしゃべりしながら村田さんの後ろを歩いた。北海道弁の「こわい」に「疲れた」の意味もあると話すと、岩場で皇后さまが「ここのこわいは怖いですね」と言って笑わせた。

陛下の歩き方は登山の基本とされる「小股でそろりそろり」とはほど遠く、「ノッシノッシ」という感じだったことが村田さんの印象に残っている。また、陛下は非常な汗かきだったという。

報道陣の手前では陛下の髪を皇后さまが整えた。休憩場所で村田さんがそばを離れると、全くの2人きりに。ハイマツ[12]に隠れるように並んで腰掛ける後ろ姿が、本当に幸せそうな新婚夫婦に見えたという。

陛下は若い頃、道ですれ違う登山者に自分から話し掛けることはあまりなかったらしい。しかし皇后さまと2人になったからなのか、この頃から様子が変わってきた。村田さんは「特に子ども連れには必ずといっていいぐらい『お年は？』『元気ですね！』

那須連山の山道を散策される天皇ご一家。陛下49歳、皇后さま45歳、愛子さま7歳（2009年8月撮影、大高登氏提供）

と声を掛けていましたよ」と証言する。

この時の登山は地方公務のついでではなく、静養の一環だった。エゾシマリスやキタキツネにも遭遇した山旅を、陛下は後に「私たちに大自然の懐に抱かれて山に登ることの面白みを十分に味わわせてくれた」と振り返っている。

95年の雲取山（東京、埼玉、山梨都県境、2017メートル）、2002年の大菩薩嶺（山梨県、2057メートル）など2人の登山は続き、御用邸に近い那須の山々は毎夏のように登った。

やがて愛子さまを含めた3人で歩くようになった。小学生の愛子さまは、那須山岳救助隊元隊長の大高登さん（90）が手を貸そうとしても、「いいです」と自分の力で歩いた。でも、友達と一緒の時はきゃっきゃとはしゃいで楽しそうにしていた。陛下は後に日本山岳会⑬の会報で「複数の鎖場があるが、愛子は足元に気を付けながらその一つ一つの通過をとても楽しんでいるようだった」と書いている。

陛下はかつて「日本百名山を目指す」と公言して

山形、秋田県境にまたがる鳥海山（1998年6月、写真家大川清一氏撮影）

いたが、96年の山岳雑誌では「全てに登りたいとは思っていない」と書いた。雲取山での経験に触れて「妻とこのような登山の楽しみを見いだせたらと思う」と述べ、次第にあまり険しい山には向かわなくなった。

目立つのは06年の鳥海山（山形、秋田県境、2236メートル）と08年の富士山（静岡、山梨県境、3776メートル）ぐらいだ。鳥海山では、雪解け水がブナ林を涵養《かんよう》し、伏流水となって田畑を潤し、日本海に注いで岩牡蠣を育んでいる、との説明に聞き入った。

富士山には因縁があり、28歳の時に一度挑戦したが、風雨が強く、8合目で引き返した。風で砂が飛ばされて顔に当たるほどだったという。

それから20年後、48歳となった陛下はようやく日本一の頂に立った。火口の様子から過去の噴火と今後の防災対策に思いをはせた。また、おがくずを使って汚物を処理する「バイオトイレ」を利用し、「富士山のみならず、他の山々、さらには水資源の限られるさまざまな場所で使われれば良いと思った」と山岳雑誌への寄稿で述べている。

16年にできた祝日「山の日」の式典の後、長野県の上高地を散策する家族3人の姿は、自然な光景として山に溶け込んでいた。最近の陛下は、1人での登山でも、すれ違うほぼ全員に声を掛け「一緒に写真はどうですか」と自ら誘うほどの親しみやすさを見せるという。

天皇となった今、登山を続けられるのだろうか。陛下自身諦めているような節もある。閣議のある火曜と金曜には皇居・宮殿で書類を決裁するのが基本で、御用邸での静養中でも、必要があれば職員が書類を届ける。地方訪問中も同じだ。

天皇としてのそのような環境の下、人里離れた山の中で何日も過ごすことには、相当な困難が伴うだろう。警備の問題もある。天皇になったからには、これまで以上の厳重さが求められるのは必至だ。

皇太子時代、通常3、4人グループで歩いていたが、数百メートル離れた前後を警察や宮内庁関係者ら約20人ずつが進み、茂みに警官が身を隠していた。道は補修し倒木は撤去。山小屋のトイレを丸ごと建て替えたこともある。就寝中は部屋の前で護衛が寝ずの番だ。

登山中県警のヘリコプターが飛び回り「鳥のさえずりも聞こえない」とあきれる山小屋の人もいた。何かあったら即刻つり上げて救助するつもりなのだろう。乗ってきた車は故障を警戒してエンジンをかけっぱなしにしていたという。

やりすぎではないか。こんなことを本人が望んでいるとは思えない。取材の過程で多くの山好きたちに話を聞いたが、全員が「これからも山に来てほしい」と口をそろえた。自然の中に身を置く素朴な人であり続けてほしい。17年の天狗岳（長野県、2646メートル）を最後にしてほしくない。その思いは誰も同じだろう。

**(1)水問題**　陛下は皇太子時代、世界で女性や子どもが衛生的な水を得るために、水くみに途方もない時間を割かれることや、日本の歴史的な治水の知恵、近年の気候変動による水災害の増加と対策などを学び、国連の「水と衛生に関する諮問委員会」総裁を務めたほか、国連本部をはじめとした数々の国際会議で講演を行った。

**(2)新渡戸稲造**　にとべ・いなぞう。1862〜1933年。思想家。教育者。東大教授、東京女子大初代学長などを務めた。キリスト教徒として世界平和のために尽力。日本人の精神や道徳を論じた「武士道」は英文で書かれ、米国で刊行された。

**(3)十六弁菊花紋**　菊の花をかたどった天皇家の紋章。天皇家の家紋は弁が二重になった十六弁八重表菊紋で、ほかの宮家の紋とは微妙に異なる。日本のパスポートの表紙も十六弁だが、二重ではなく一重。

**(4)外国訪問がかなわなかった**　皇后さまは結婚翌年の1995年に天皇陛下と共に中東を訪問したが、その後は「お世継ぎ優先」とされ、2001年に愛子さまが誕生した翌年のニュージーランド、オーストラリアまで外国訪問がかなわなかった。04年に適応障害と診断されてからも、06年のオランダへの私的静養まで外国訪問はなかった。

**(5)マドリード市の鍵**　スペインを訪問する各国の国家元首らに贈られる記念の鍵。「いつでも再訪してください」との願いが込められているという。

**(6)トンガ訪問**　国王ツポウ6世の戴冠式参列が目的。療養中の皇后さまにとっては約2年ぶりの海外訪問。天皇陛下は2008年にも、当時の国王ツポウ5世の戴冠式に出席している。

**(7)フランス訪問**　日仏友好160周年を祝う公式訪問で、皇太子として最後の外国訪問となった。皇后さまは体調に考慮して同行しなかった。

**(8)富山の水**　北アルプス・立山連峰を主な水源とし、環境省が選定する名水百選には全国最多の8カ所が指定されている。

**(9)古い街道**　天皇陛下自身の述懐によると、鎌倉時代の古道だったとみられる。赤坂御用地は江戸時代、紀州徳川家の江戸屋敷があった。

**(10)一ノ倉沢**　群馬県と新潟県の県境に位置する谷川岳と、隣接する一ノ倉岳の間付近にそびえる大岩壁。ロッククライミングのルートが数多くあり、1950〜60年代を中心とした登山ブームの頃には多くの人が挑戦して命を落とした。

**(11)平ケ岳**　群馬・新潟県境にある標高2141メートルの山で、尾瀬ケ原に近い。山頂部には大小の池塘（ちとう）があり、お花畑の山としても人気が高い。

**(12)ハイマツ**　マツ科マツ属の、高さ1メートルほどの常緑針葉樹。森林限界を超えた高地にはうように生えることからこの名がある。

**(13)日本山岳会**　日本近代登山の父と呼ばれる英国人宣教師ウォルター・ウェストンの勧めで1905年に設立された。2012年に公益社団法人となり、自然保護活動なども行っている。

# あとがき

「天皇代替わり」という歴史的瞬間を体験し、数々の行事を報道する仕事に立ち会えるかどうかは、運によるとしか言いようがない。昭和が64年の長きにわたったことを考えれば、それを経験せず、昭和しか知らずに記者生活に幕を下ろした人たちも大勢いたはずだ。天皇や元号が時代をつくり出すわけではないが、日本人が「天皇とともにある元号」によって時代を切り分けてとらえてきたのは否定できない事実だ。その変わり目はまさに歴史そのものであり、記者として関わることができたのは、幸運というべきなのだろう。

平成の天皇陛下は、その行動によって象徴天皇としての一つのはっきりとした形を示し、それは多くの国民に受け入れられた。2016年8月に退位への思いをにじませるビデオメッセージが公表された時、私にはそれが「私はこれまでこのようにやってきましたが、象徴天皇のありようとはこのようなものでよかったのでしょうか」と国民に問い掛けているように聞こえた。

別の機会には「象徴天皇像を模索する道は果てしなく遠い」「時代の象徴像を補い続けてくれることを願う」とも述べられている。象徴天皇像は平成で完成したわけではなく、変わりゆく時代とともに天皇がある限り、その姿は永遠に未完なのだろう。

新しい天皇の姿は、これからつくられていくものだ。だが、始まったばかりの道のりの中で、すでに令和の天皇陛下はその一部を見せつつある。若き日の陛下は「国民の中に入る」ことが大事だと語ったことがある。その言葉を実践するように、より国民に近しく、国民と同じ向きで同じ位置に立ち、同じ目線で同じものを見る。わずか数回、両陛下の公務に同行しただけだが、私の目には、両陛下がそんな方向性を持っているように見えた。

平成は幕を閉じた。その31年間が短かったとは決して思わないが、それでも今回は「平成の始まり」を記者として経験していた者が社内にまだおり、その経験に助けられた。次はどうだろうか。「令和の次の代替わり」にベテランとして関わることになる若い記者たちは今、日々その筆力を磨いているのだろう。共同通信の代替わり報道をまとめた本書が、読者の方々に、「時代の変換」を思い出してもらう好機となってくれることを願ってやまない。取材、執筆、校閲、出版、それぞれの過程で多くの人々のご協力をいただいた。改めてすべての方々にお礼を申し上げたい。最後に、当初からこの企画を支えながら、今春亡くなった株式会社共同通信社の北條義幸さんにも謝意を伝えたい。

2020（令和2）年9月

共同通信社会部編集委員　大木賢一

# 筆者紹介

＊2020年8月31日時点

【社会部OB】

◆土屋美明（つちや・よしあき）1972年、共同通信入社。社会部で司法のほか宮内庁、外務省などを担当。山形支局長、論説副委員長兼編集委員を経て客員論説委員。裁判員制度・刑事検討会、司法試験委員会などの公的委員を務めた。著書に「裁判員制度と国民」（花伝社）など

◆丸山慶一（まるやま・けいいち）1977年、共同通信入社。富山支局、名古屋編集部を経て社会部で宮内庁、最高裁などを担当。水戸支局長、名古屋支社編集部長、ニュースセンター用語委員長などを歴任

◆宮城孝治（みやぎ・こうじ）1980年、共同通信入社。広島、松江支局、仙台編集、社会部で警視庁、宮内庁、都庁を担当。社会部次長、仙台編集部長、社会保障室長、社会部長、編集局次長、大阪支社長などを歴任、徳島新聞特別編集顧問を経て同社特別論説委員

【社会部】

◆新堀浩朗（しんぼり・ひろあき）1984年、共同通信入社。長崎、京都支局を経て社会部。警察、裁判、宮内庁などを担当。社会部次長、仙台支社編集部長、ニュースセンター整理部長、編集局次長などを経て編集局編集委員

◆山田昌邦（やまだ・まさくに）1988年、共同通信入社。津支局などを経て社会部。警視庁、宮内庁、文部科学省などを担当。神戸支局次長、社会部次長、熊本支局長、社会部担当部長、神戸支局長、編集局企画委員（皇室取材チーム長）を経て福島支局長

◆三井潔（みつい・きよし）1990年、共同通信入社。津、浦和支局などを経て社会部。警視庁、04～06年宮内庁を担当、横浜支局次長、社会部次長、マニラ支局長を経て社会部担当部長。警察庁担当後、皇室取材班デスク

◆大木賢一（おおき・けんいち）1990年、共同通信入社。秋田支局、大阪社会部などを経て社会部。06～08年宮内庁、大阪府警や警視庁で事件も担当。仙台編集部担当部長を経て社会部。社会部編集委員。著書に「皇室番　黒革の手帖」（宝島社新書）など

◆日向一宇（ひなた・かずたか）1995年、共同通信入社。松江、宇都宮支局、山陽新聞出向を経て社会部。警視庁の後、04～06年に宮内庁。文部科学省、大阪府警などを担当し、大阪社会部次長から社会部次長。気象、警察、教育、平和問題、皇室などの担当デスク

◆宮川さおり（みやがわ・さおり）1995年、共同通信入社。宮崎、高知支局を経て社会部。皇室担当、環境省、厚生労働省などを担当し現在、生活報道部デスク

◆羽柴康人（はしば・やすひと）読売新聞大阪本社から2005年、共同通信入社。社会部で警視庁、11～14年に宮内庁担当、京都支局次長を経て現在、社会部次長。都庁担当の後、皇室取材班デスク

◆角本信介（かくもと・しんすけ）2000年、共同通信入社。松山、橿原通信部を経て社会部、14～16年に宮内庁を担当。福岡編集部次長を経て社会部次長、皇室取材班や司法担当のデスク

◆中田祐恵（なかだ・さちえ）2001年、

共同通信入社。大阪支社社会部、甲府、広島支局、福岡編集部などを経て社会部。12～15年、宮内庁担当。千葉支局

◆長谷川智一（はせがわ・ともかず）2002年、共同通信入社。横浜支局、札幌編集部、社会部を経て札幌編集部次長。社会部で検察庁、国税庁、元号取材班などを担当、「関電役員らの金品受領問題」で19年度新聞協会賞受賞

◆坂口貴（さかぐち・たかし）2003年、共同通信入社。富山支局、大阪社会部、橿原通信部、社会部を経て大阪社会部次長。社会部で警察庁、15～20年に宮内庁を担当、キャップとして天皇代替わりを取材

◆山口恵（やまぐち・めぐみ）2005年、共同通信入社。福岡編集部、長崎、鹿児島支局を経て社会部。10～12年に宮内庁担当。震災報道で盛岡支局、仙台編集部に異動し、再び社会部。皇室取材班

◆清田拓（せいだ・ひらく）2005年、共同通信入社。長崎支局、福岡編集部、水戸支局を経て社会部。厚生労働省や警視庁、19年から宮内庁を担当、現在キャップ

◆斉藤範子（さいとう・のりこ）2008年、共同通信入社。高松、水戸支局を経て社会部。司法や都庁、16～20年まで宮内庁担当、19年からキャップとして即位の礼、大嘗祭などを取材。オウム真理教の取材を続ける

◆田中眞司（たなか・しんじ）2008年、共同通信入社。仙台編集部、岐阜支局、北九州分室、奈良支局、大阪社会部を経て社会部。元号取材班の後、19年から宮内庁を担当

◆志津光宏（しづ・みつひろ）2012年、共同通信入社。福岡編集部、和歌山、静岡支局を経て社会部。17～19年に宮内庁、現在気象庁を担当

**【政治部】**

◆内海努（うつみ・つとむ）1993年、共同通信入社。宮崎支局、福岡編集部、那覇支局を経て政治部。官邸、自民党、民主党、共産党、厚生労働省、防衛省などを担当。官邸キャップを経て政治部次長。元号取材班統括

◆小倉進二（おぐら・しんじ）1993年、共同通信入社。金沢、釧路支局、札幌編集部を経て政治部。官邸、自民党、民主党、外務省などを担当。天皇退位特例法制定に至る過程を政治部次長として担当

◆鈴木洋志（すずき・ひろし）1998年、共同通信入社。松山、山形、長野支局、政治部を経て東京編集部次長。政治部では自民党、公明党、民主党、外務省などを担当。官邸サブキャップとして改元や皇位継承報道に携わった。元号取材班

◆関陽平（せき・ようへい）2002年、共同通信入社。京都支局、大阪社会部を経て政治部。官邸、自民党などを担当。官邸担当時に天皇退位特例法制定に至る過程を取材

◆髙尾益博（たかお・ますひろ）文化放送から2010年、共同通信入社。大阪社会部を経て政治部。衆院、官邸担当時に、天皇退位特例法、皇位継承に伴う儀式、改元などを取材した。元号取材班

◆田川瑶子（たがわ・ようこ）2007年、共同通信入社。福岡編集部、山形、横浜支局を経て政治部。政治部では民主党政権下の官邸や公明党などを取材。安倍政権下で平成改元時の関係者や学者取材を担当した。元号取材班

◆中田良太（なかだ・りょうた）2011年、共同通信入社。青森、岡山支局、大阪社会部を経て政治部。官邸担当時に安倍政権の新元号選定を取材した。元号取材班

**【外信部】**

◆本蔵一茂（もとくら・かずしげ）1992年、共同通信入社。高知支局などを経て外信部。カブール、リオデジャネイロ、ロサンゼルス支局で勤務。16～19年のニューヨーク支局次長を経て外信部担当部長

緊急連載

# 「天皇の務め　その行方」

2016年8月11日配信

## 「ご公務」定義あいまい　分類不能、天皇の仕事

大木賢一

天皇陛下はビデオメッセージで「務め」という言葉を7度繰り返されたが、「公務」は一度も口にしていない。天皇の「公務」とは何か。実は定義がとてもあいまいだ。

皇居には毎年多くの外国大使が宮内庁の用意する馬車に乗ってやってくる。本国の元首から受け取った「信任状」を天皇陛下に手渡すためだ。

昨年10月は1カ月で8人の新任大使が訪れ、宮殿の松の間で厳かな儀式が行われた。外交儀礼上は天皇が日本の元首とみなされるため、この「信任状捧呈式《ほうていしき》」を経て正式に「駐日大使」として認められたことになる。

象徴である天皇が日本の代表者としてふるまう重要な行為だが、宮内庁によると、憲法が天皇の仕事として定める「国事行為」そのものではない。「外国大使の接受」は国事行為だが、捧呈式は「それに関連する儀式」だという。

宮内庁ホームページによると、昨年2月のある一日の陛下の活動は（1）環境事務次官の「ご進講」（2）勤労奉仕団への「ご会釈《えしゃく》」（3）学術関係者との「お茶」（4）ポーランド大統領夫妻の「ご会見」（5）衆院議長夫妻らとの「ご夕《ゆう》餐《さん》」—の五つだった。

ごく普通の一日に、すべて皇居内で行われたものだが、いずれも国事行為ではない。国賓をもてなす宮中晩さん会ですら国事行為ではない。

宮内庁は天皇の活動を、国事行為、公的行為、その他の行為、の三つに分けているが、厳密な分類はほぼ不可能で、これらの総称のような形で「ご公務」というあいまいな言葉が使われている。

では「公的行為」とは何なのか。政府は2010年「天皇が象徴としての地位に基づいて、公的な立場で行うもの」との見解を示した。しかし、そもそも憲法も皇室典範も「象徴とは何か」を明示しておらず、これでは何も定義していない

に等しい。「その他の行為」のプライベートな行動が象徴として公的性格を帯びることもある。そのような中で陛下が自分で考えた象徴の務めは、次々に「ご公務」に追加され、増え続けてきた。

「広い意味でのご公務を、陛下は誠心誠意続けてこられた」と京都産業大の所功（ところ・いさお）名誉教授。ビデオで繰り返された「務め」とは、あくまでも自身が思う「なすべき仕事」を示している。

## 決裁こそ天皇の国事行為「署名押印」年に千件

**大木賢一**

２０１６年8月12日配信

「ご執務」。宮内庁ホームページの「天皇皇后両陛下のご日程」という欄に、こんな言葉が並んでいる。昨年1年間の天皇陛下の活動を数えると、元日から大みそかまで８３０件を超える。うち１００件が「ご執務」だ。

執務とは、天皇による書類決裁のこと。火曜と金曜の午後、皇居・宮殿の表御座所《おもてござしょ》や、住まいの御所で行われるが、御用邸での静養中や地方訪問中にされることもある。

憲法に定められた天皇の唯一の仕事である「国事行為」のほとんどは、具体的にはこうした書類決裁のことだ。国事行為は、首相任命や法律公布、国会召集など13種類。決裁は内閣からの書類に目を通し、署名と押印をすることで成立する。

天皇の署名と押印は「御名御璽《ぎょめいぎょじ》」などと呼ばれ、宮内庁がこのほど公表した資料によると、その数は陛下の即位以来、約2万9千件。81歳だった昨年1年も１０６０件に及び、１日当たり約3件の計算になる。

決裁自体はそれで完結するが、厳粛な儀式を伴うことが多い。「玉座《ぎょくざ》」を背にして開会を宣言する国会開会式や、宮殿・松の間での首相任命式、大臣らの認証式、勲章の親授式などがそれに当たる。同じ資料によると、昨年12月までの平成の国会開会式は74回、儀式の対象人数は４２３７人だった。

天皇はモーニングなどの正装で、長時間の直立を強いられる。明治以来、日本人がこうした儀式を通じて天皇の姿に権威を感じ、「ありがたい存在」と思ってきた部分があるのは否定できない。

国事行為の委任は、昭和の64年で5回しかなかったが、平成は22回もあり、その相手は全て皇太子さまだった。この数の多さは、現在の陛下が即位後も皇太子時代と変わらずに外国訪問を続け、日本を留守にすることが多かったからにほかならない。憲法の定める「天皇の務め」の核心部分は、すでに何度も皇太子さまによって引き継がれた実績がある。

「人々の傍らに立ち、その声に耳を傾ける」。陛下はメッセージで、そのことの大切さを語った。国事行為や関連儀式以外の部分で自分が国内外に出て行き、人々とふれ合おうとするのが「平成流の天皇像」ならば、それは皇太子さまの支えがあって成り立ってきたとも言える。

**新たな領域、被災地訪問　28年かけ国民に定着**

**坂口貴**

2016年8月13日配信

天皇陛下は即位以降、義務とされた憲法上の仕事の枠を踏み越え、象徴としての新たな領域に足を踏み入れられた。

埋もれた集落、ひび割れた道路、倒壊した家屋。陛下は5月、熊本地震の被災地を訪ね、光景を目に焼き付けた。チャーター機とヘリコプターを乗り継いで避難所を回り、上空では目を閉じて犠牲者を悼んだ。過酷な長旅だったが、宿泊は迷惑を掛けると日帰りを選択した。

避難所で陛下は子どもたちに「無事でよかった」とほほ笑みかけ、小学3年の女の子は、お礼に色紙で作った花束を手渡した。そこでは、国民と象徴が確かに心を通わせていた。

被災地訪問は、陛下が自分で構築した「象徴の務め」の最たるものと言える。政府はこの行為を「象徴としての地位に基づいて、公的な立場で行うもの」と解釈し「公的行為」と位置づけている。憲法上の国事行為は「内閣の助言と承認を必要とする」と規定されているが、「公的行為」にこの制約は及ばない。

こうした被災地訪問の始まりは、即位2年後、1991年の雲仙・普賢岳噴火での長崎県訪問だった。膝を折って被災者を励ます姿が一部から「天皇の権威をおとしめる」と批判を浴びた。95年の阪神大震災で兵庫県を訪ねた際は「天皇が来て何になる」との被災者の声もあり、こうした声をマスコミも報じていた。

しかし、即位30年を目前とした今、東日本大震災から5年が過ぎてもお見舞いを絶やさない姿勢は、国民の中に好意的に定着し、批判の声はまず聞かれない。

象徴が行う公的行為とは何か。宮内庁関係者は、定義のあいまいさを認めた上で「国民が願うことを体現すること」と話す。「被災地訪問は、心配し、励ましたいと思う多くの国民の気持ちを届けに行く活動で、まさに象徴らしい務めだ」

東日本大震災直後の2011年3月、陛下は原発事故による不安が国中を覆い、政府が推し進めてきた原発政策に対しても批判が出始めていた中、ビデオメッセージで被災者を励まし、7週連続で各地をお見舞いした。

昨年5月、側近である侍従長を務めた川島裕（かわしま・ゆたか）さんが、退任記者会見で当時を振り返った言葉がある。象徴の在り方という難しいテーマを考える材料になるかもしれない。

「ああいう時に、原発是か非かの（政治的な）決定権と切り離した形の方がおられるというのは、非常にありがたい制度ではないか」

## 矛盾する「象徴の退位」否定され続けた国会論議

羽柴康人

2016年8月14日配信

天皇に生前退位を認めようとの意見はこれまでもあったが、議論は進まなかった。その経緯を振り返ると、自主的な退位が「象徴」としての地位と相反すると考えられてきた側面がある。

「天皇の地位を安定させることが望ましいという見地から、退位の制度は認めないということにされたと承知している」。1992年4月の参院内閣委員会で、社会党議員から「なぜ退位を認めないのか」と質問を受け、宮尾盤（みやお・いわお）宮内庁次長は皇室典範の制定経緯を振り返りながら答弁した。

理由として挙げられたのは三つ。法皇や上皇という存在が出てくるとさまざまな弊害が出る恐れがあること。天皇の自由意思に基づかない退位の強制がありうること。そして最後に、象徴天皇の立場から考えて、恣意《しい》的な退位は好ましくないと考えられるということだった。

退位が象徴と矛盾するとの考え方は、さかのぼって59年の答弁でも示されている。衆院内閣委員会で社会党議員が「定年退職に当たるくらいの年配になれば、退位の自由が認められてもいいと思うがどうか」と質問した。林修三内閣法制局長官は「天皇には私なく、すべて公事であるという考え方も一部にある。自発的な御意思でどうこうするということは、やはり非常に考えるべきだ」と否定的な見解を示した。

皇室典範は47年に制定され、敗戦直後の時代背景が色濃く影響した。昭和天皇実録によると、昭和天皇は連合国軍総司令部（GHQ）の退位についての意向を非常に気にしていた。宮内省は、典範に退位規定を設けると、戦争責任が問題になっている昭和天皇の退位につながることを恐れた。

衆院では退位規定を求める意見が出ていたが、金森徳次郎国務相（憲法担当）は「天皇お一人の考えによって御位をお動きになるということは、国民の信念（国民の精神的結合の中心）と結びつけて、調和せざる点があるのではないか」と反論。一方で「人間天皇としての御立場を考えると、御譲位の途があることが一面において理由なしとはしない」と理解を示したが、結局は「天皇に私なし」という言葉で、退位規定を否定した。

今回の陛下のメッセージからは、象徴の務めを重視するからこそ、退位による天皇の交代という結論に行き着いたことが読み取れる。「象徴と退位」という放置された制度上の矛盾が、天皇自身の訴えによって提示された。

2016年8月15日配信

## 究極の問い「天皇の人権」退位の自由、認められるか

中田祐恵

象徴であるがゆえに、自ら象徴をやめることができない――。放置されてきたこの矛盾は結局、生身の人間である天皇の人権をどう考えるのか、という問いに行き着く。

「僕は天皇になるだろう（I shall be the emperor）」。天皇陛下が皇太子だった学習院高等科1年のとき、英語の授業で「将来の希望」を尋ねられて、答えられた言葉だ。意思とは関係なく、そうならざるを得ない運命を受け入れた寂しげな声に聞こえる。

日本国憲法下の天皇は、世襲による地位の継承などの特権を与えられると同時に、多くの人が当たり前に享受している基本的人権を大きく制約されている。

職業選択の自由はない。選挙権や表現の自由もない。結婚は皇室会議の議決が必要だ。住む場所も選べず、行きたいときに行きたい場所に行くことも難しい。

私生活も同様だ。陛下は2001年の会見で「私人として過ごすときにも、自分たちの立場を完全に離れることはできません」と告白した。

憲法学者の故奥平康弘さんは、職業選択の自由をはじめとする天皇の人権制約を正当化するため「脱出の権利」としての「退位の自由」を主張していた。

首都大学東京の木村草太教授（憲法）は「天皇の地位は国民の総意に基づき、国政に関する権能を持たないため、退位は天皇の権利ではありえない」と明言。しかし一方で「普遍的な人権思想」の観点から「一度即位したらやめられないのはあまりにも酷だ。天皇の意向によらない一定の条件下の譲位は認められる」と説明する。

戦後、皇室典範の改正論議が議会で始まった直後の1946年12月、昨年100歳を迎えた三笠宮さまの意見が新聞に載った。「真にやむをえない事情が起きることを予想すれば必要最小限の基本的人権としての譲位を考えた方がよ

いと思っている」

共同通信の世論調査で8割以上が生前退位を容認。うち7割近くが「意向を尊重すべきだ」と「天皇の人権」に理解を示した。だが、陛下が体現した象徴像は、理想の姿を演じ続けることを一人の人間に求める人権上の制約下でつくりあげられたものにほかならない。

「ゆっくりしてほしい」「お疲れさまでした」。同情的な声で世間が覆い尽くされる中、70年前から続く「天皇の務めとは何か」の問いが、再び投げ掛けられている。

緊急連載

# 「相克―皇室と永田町」

2017年6月10日配信

## 深い溝、不信消えず　信条否定、心痛も

「私はなぜこの式典に出ることになったのか」。13年4月28日、前年末に発足したばかりの第2次安倍政権の下で初めて開かれた「主権回復・国際社会復帰を記念する式典」。安倍晋三首相や国会議員らから「天皇陛下、万歳」の唱和で見送られた天皇陛下は「不満げな表情」(皇室関係者)で側近に漏らされた。

4月28日は、サンフランシスコ講和条約が1952年に発効し、日本が独立を果たした日。だが72年の本土復帰まで米軍施政下に置かれた沖縄県にとっては「屈辱の日」でもある。「沖縄の苦難に心を寄せてきた陛下を行かせるべきではない」。宮内庁内に反対もあった。幹部は「官邸に押し切られた。陛下のひと言は政権への不信感の表れだ」と振り返る。

「皇室制度は変えない」。官邸は第2次政権発足後すぐ、宮内庁に伝えた。直近の民主党(当時)野田政権で「女性宮家」創設の検討が進んでいただけに「政権交代直後に官邸と深い溝ができた」(宮内庁幹部)。

前立腺がんの治療を続けていた上皇さまの心は既に退位に傾いていた。「健康上の問題が起きる前に譲位（退位）したい」。2010年7月22日夜、皇居・御所に、上皇后美智子さまや上皇さまの相談役の参与、宮内庁長官、侍従長らが集まった場で明かした。

制度上規定のない退位をどう実現するのか。宮内庁は、安倍政権がどれだけ続くか様子見だったが、安定感を増すばかり。パラオへの慰霊など戦後70年の節目の行事も終わり、15年12月の誕生日会見で思いを吐露したいとの上皇さまの意向を宮内庁が官邸に打診。だが官邸側は「摂政など現行制度を活用する議論が不十分」と理由を付けて封印する。

宮内庁と、退位に難色を示す官邸の水面下の交渉は続いたが、昨年7月の退位報道で状況が一変。世論が一気に賛成に傾き、官邸も議論を始めざるを得ない事態に。「潮目が変わった。宮内庁がメディアを使ったのか」といぶかる官邸関係者が苦虫をかみつぶした。

16年8月の上皇さまの「お気持ち」表明。文案をチェックする官邸への不信感が強い宮内庁は当初、上皇さまが自由に発言できる生中継を主張した。結局、録画に落ち着いたが、両者の溝は深まった。

退位を巡る政府の有識者会議で、「首相枠」とされた保守系の一部専門家は「天皇は祈っているだけでよい」と強調し「活動あっての象徴」という上皇さまの信条を否定。「陛下は心を痛めた」（宮内庁幹部）という。

しかし、17年5月下旬、上皇さまに近い関係者は「上出来だ」と語り、安倍首相らを皮肉った。

「天皇陛下万歳を唱えた人たちが、陛下を『お飾り』としか思っていないことを、一連の議論で国民が知った意義は大きい。馬脚を現した」

2017年6月11日配信

## ちらつく「ご意向」不満ため込む安倍官邸

2015年秋、宮内庁の風岡典之長官は焦りを募らせていた。首相官邸の事務方トップを務める杉田和博官房副長官に対し、天皇陛下に退位の「ご意向」があると伝えたのは同年春のこと。動きがないまま、時間だけが過ぎていた。

10月、しびれを切らしてある提案を突き付けた。「12月の天皇誕生日に陛下がお気持ちを表明する」。安倍晋三首相が、明治以来の終身在位制を崩す退位に否定的だった手前、杉田氏は首を縦に振らなかった。公務の負担軽減を検討すると約束し、その場を収めた。

「あれはどうなっていますか」。誕生日を前に、進展に気をもむ陛下の思いが官邸に伝わった。

杉田氏の下で、ようやく1枚の資料がまとまったのは翌16年の3月。「陛下のご負担の軽減策について」と題するペーパーは、国事行為を代行する「摂政」の要件緩和、国事行為の大幅委任に、「退位制の導入」を加えた3案を示し、長所と課題を並べる形式だった。

宮内庁側の願いとは裏腹に、各案の課題の多さを比べれば「退位を諦めてもらう資料だというのは、誰の目にも明らかだった」（政府筋）。

首相が退位に慎重だったのは、皇位継承を定めた皇室典範の改正に絡むためだ。「女性宮家」創設や女性・女系天皇容認も典範改正が必要で、退位にかじを切れば、これらも検討課題に浮上する。首相は折に触れ「典範には手を付けたくない」と周囲に漏らしていた。

「杉田ペーパー」ができた時点で、典範への影響が最小限で済む特例法による退位も腹案としてはあった。ただ負担軽減策の具体化に向け、16年6月に内閣官房で特命チームが発足した後も、官邸中枢は摂政の要件緩和を基本線に据えていた。退位の意向は7月、報道で表面化。官邸は、宮内庁側が流れをつくろうとリークしたとみている。

菅義偉官房長官と「陛下の意向」には因縁がある。政権は20年夏季五輪の開催地を決める13年9月の国際オリンピック委員会（IOC）総会に、高円宮妃久子さまの出席を宮内庁に求めていた。風岡氏は、政治的活動と距離を置く皇室の立場から「天皇陛下も案じられているのではないか」と言及。菅氏は記者会見で、陛下の思いを推測したこの発言を「非常に違和感がある」と批判した。

風岡氏が70歳の定年を迎えた直後の16年9月下旬。慣例で翌春まで続投できるはずだった同氏が退任し、官邸から内閣危機管理監を宮内庁次長に送り込む人事が発表された。人事を掌握して霞が関ににらみを利かせる菅氏の影が見え隠れした。

宮内庁幹部は「われわれは官邸に従う役人だが、陛下を守るのが仕事だ。重みを理解してほしい」とこぼす。一方「ご意向」や「思い」をちらつかせる宮内庁への不満を官邸はため込む。菅氏は最近も親しい議員らにぶちまけた。「どうしようもない役所だ」

2017年6月13日配信

## 一本道でも難関随所　翻弄された有識者

天皇陛下の「退位の意向」は2016年7月の報道と同じ年の8月の陛下によるビデオメッセージで、広く国民の知るところとなり、首相官邸は外堀を埋められた。皇室典範の抜本改正を避けた結果、残ったのは特例法による一代限定の退位という「一本道」（政府関係者）だった。

結論ありきと映らぬように国民をいざなう役回りは、学識経験者ら6人に託された。最初の難関は皇室制度などに通じた専門家の選定だった。

「いくら何でも保守派が多すぎる」。16年10月、意見聴取する計16人のリストを見て、有識者会議座長代理の御厨貴東大名誉教授は不安を口にした。会議を仕切る杉田和博官房副長官も渋い表情でうなずくしかなかった。

うち2人は安倍晋三首相が推した「首相枠」。退位に慎重な自民党の保守系議員から〝推薦〟もあった。果たして、2人は退位に反対し「摂政」活用を主張。首相の本音を代弁した。

11月末に計3回の聴取を終えた時点で、退位の賛成・容認派はかろうじて過半数に達する9人で、反対・慎重派も7人いた。世論を必ずしも反映しない人選の「副作用」が、御厨氏は気掛かりだった。

12月上旬、不安は的中する。退位が認められないと疑心暗鬼に陥った陛下周辺が「陛下は意見聴取結果に『大変不満だ』とおっしゃっている」とのメッセージを官邸サイドに伝えた。同時に、23日の天皇誕生日に陛下が新たな「お言葉」を発するとの情報も流れた。

メンバー間で退位の是非を議論した12月14日。有識者は論点整理の公表まで1カ月以上を残す中、賭けに出た。終了後の記者団への説明で、御厨氏は一代限定の退位を推す見解が大勢だと踏み込んだ。陛下の誕生日会見は「爆弾発言もなく終わった」（政府関係者）。

「意向」に翻弄《ほんろう》される状況は、17年4月の最終報告取りまとめが近づいても変わらなかった。退位を前提とした制度設計のうち、皇位継承順1位となる秋篠宮さまの呼称（称号）がそれを象徴した。

会議メンバー間では、「皇太子」とする案で決まっていたが、配られた最終報告の原案では、秋篠宮呼称を維持する案に差し替えられていた。

「そういうことですから」。政権幹部の言葉に、有識者の一人は「のみ込んでほしい」という意図を感じた。「私は皇太子として生まれたのではない」との秋篠宮さまの思いが背景にあると、追って種明かしがあった。

陛下や皇族の意思が法整備に直接影響しては、憲法違反のそしりを免れない。かといって全く意に沿わない内容にもできない。御厨氏は最終報告後、苦しんだ胸の内を漏らした。「陛下のお気持ちと、どう距離を保つのか。近すぎても遠すぎてもいけない、と常に考えてきた」

## 首相、譲歩と安堵　手探りの「協働」

2017年6月14日配信

2016年8月9日、長崎市。原爆犠牲者を慰霊する式典の席上、安倍晋三首相に語り掛ける大島理森衆院議長の姿があった。前日の8日、退位の意向がにじむ天皇陛下のビデオメッセージが公表されていた。「この問題は誰と話せばいいいですか」とささやく大島氏に、首相は「窓口は菅義偉官房長官です」と応じた。

2人は3日前の広島でも言葉を交わしていた。首相は「陛下限りにしないといけない」と一代限定の方針を伝達。官邸と国会側による手探りの「協働」が始まった。

天皇の地位を「国民の総意」に基づくとする憲法規定を踏まえた法整備には、与野党の広範な合意が不可欠だと大島氏は認識していた。自民党で国対委員長を長年務めた経験から、野党に譲る大切さも身に染みている。

舞台をしつらえたのは17年1月。政府の有識者会議が論点整理を公表する直前、大島氏は立法府として「主体的に取り組む」と表明。官邸に働き掛け、論点整理では明確に方向性を打ち出させず、与野党が議論の主導権を握る形を確保した。「国会は政府の下請けではない」とする野党の声を踏まえて、菅氏と調整した結果だった。

退位の在り方とともに議論の焦点となったのは、皇室の将来課題の扱いだ。民進党が訴える「女性宮家」創設に反対する見解を首相は12年、月刊誌で発表。大島氏も読んで知っていた。

17年2月22日夜、有識者会議メンバーを公邸に招いた会食の場で、首相は「女性皇族が『旧宮家（旧皇族）』の男性と恋に落ちて結婚し、男子が生まれたら万々歳なんですが」と語った。戦後に皇籍離脱した旧宮家の復帰も選択肢とし、男系継承を絶対視する首相の皇室観と、女系天皇につながりかねない女性宮家は水と油だった。

それでも特例法による退位に野党の理解を得るには、衆参両院の正副議長がまとめる国会見解で女性宮家に言及しないわけにはいかない。「自分の首を差し出してでも、退位に道筋を付ける」とする大島氏の覚悟も、官邸に伝わった。

首相は折に触れ、大島氏や、与野党論議のキーマンだった自民党の高村正彦副総裁から情勢を聞いていた。国会見解がまとまる直前の17年3月14日、大島氏とも相談した上で説得に訪れた高村氏に、首相は「女性宮家の文言が入るのは仕方ない」と明記を容認した。政府による検討に期限を設けることには難色を示した。

大島氏が最後にペンを入れ、3月17日に公表された国会見解は、期限を「1年をめど」とする民進党と、明示は困難とする自民党の主張を併記した。

見解の表現は「女性宮家の創設等」。大島氏は「等」の中に旧宮家の復帰が含まれると説明した。野党に配慮しつつ守るべきを守った国会見解に、首相は安堵の表情を見せた。「最低限の範囲で収まった」

２０１７年６月15日配信

## 野田氏突き動かす後悔　「女性宮家」に執念

民進党の野田佳彦幹事長を突き動かしたのは、強い後悔の念だった。

民主党政権の首相に就任して1カ月が過ぎた２０１１年10月5日。野田氏は官邸で、羽毛田信吾宮内庁長官の切実な訴えに耳を傾けていた。「安定的な皇室活動が維持できない恐れがある」。結婚による女性皇族の減少が続くと見込まれる今、手を打たなければならない―。問題意識を共有した2日後には、天皇陛下、皇后さまと皇居で夕食を共にした。

「陛下のお気持ち」を感じ取った野田氏は約2カ月後、「女性宮家」創設を「緊急性の高い課題だ」と表明。政権には皇室の課題に取り組む体力はないと、周囲が慎重姿勢を示す中、一人踏み込んだ。論点整理の公表にはたどり着いたが、衆院選で惨敗。安倍政権による論点整理の「黙殺」（野田氏）に歯がみした。

「政治の不作為が最大の原因だ。私も関係者の一人として猛省している」。16年9月の臨時国会。退位の意向がにじむ陛下のビデオメッセージを「異例の事態」と指摘した野田氏は、女性宮家も含めた検討を安倍晋三首相に求めた。答弁は「公務の負担軽減に絞って議論する」とつれなかった。

野田氏の皇室観に影響を与えた、皇后さまの言葉がある。話題が東日本大震災に及んだ時だった。「現地へ行き、被災者の話を聞くことに意義がある。陛下と行動を共にして、確信が持てるようになった」。活動の重みを再認識したという。

退位の議論を契機として、皇室の活動を維持するための皇族減少対策に道筋を付ける。野田氏はここにこだわった。17年4月20日の園遊会で陛下と視線を交わした際の心中を『思いは同じ』と背中を押された気がした」と周囲に語った。

そのころ、政府に検討を求める課題として「女性宮家創設」を明記していた国会見解は骨抜きにされかねない状況だった。園遊会の3日前、自民党側が示した特例法に伴う付帯決議案では、文言が抜け落ちていた。男系継承を重視し、女系天皇容認につながりかねない女性宮家を警戒する首相の意向を受けた巻き返しだった。5月下旬、野田氏の粘り腰で女性宮家の明記は勝ち取ったが「1年をめど」とする検討期限は受け入れられなかった。

野田氏は否定するが、執念を燃やす背後に「秋篠宮さまのご意向が働いているのではないか」（政権幹部）といぶかる声もあった。長男悠仁さまの世代に男性皇族は他にいない。将来皇位についたときに備えて、活動を支える宮家が必要との思いがあるはずだと、この幹部は推し量る。

議論の最中には長女眞子さまが婚約されることが明らかになった。現実を直視して検討を急ぐよう訴える野田氏は、政権との「第2ラウンド」を見据える。「国会で検討状況をただし、進捗を厳しくチェックする。これからが本当の闘いだ」

# 象徴としてのお務めについての天皇陛下のビデオメッセージ

2016（平成28）年8月8日

戦後70年という大きな節目を過ぎ、2年後には、平成30年を迎えます。

私も80を越え、体力の面などから様々な制約を覚えることもあり、ここ数年、天皇としての自らの歩みを振り返るとともに、この先の自分の在り方や務めにつき、思いを致すようになりました。

本日は、社会の高齢化が進む中、天皇もまた高齢となった場合、どのような在り方が望ましいか、天皇という立場上、現行の皇室制度に具体的に触れることは控えながら、私が個人として、これまでに考えて来たことを話したいと思います。

即位以来、私は国事行為を行うと共に、日本国憲法下で象徴と位置づけられた天皇の望ましい在り方を、日々模索しつつ過ごして来ました。伝統の継承者として、これを守り続ける責任に深く思いを致し、更に日々新たになる日本と世界の中にあって、日本の皇室が、いかに伝統を現代に生かし、いきいきとして社会に内在し、人々の期待に応えていくかを考えつつ、今日に至っています。

そのような中、何年か前のことになりますが、2度の外科手術を受け、加えて高齢による体力の低下を覚えるようになった頃から、これから先、従来のように重い務めを果たすことが困難になった場合、どのように身を処していくことが、国にとり、国民にとり、また、私のあとを歩む皇族にとり良いことであるかにつき、考えるようになりました。既に80を越え、幸いに健康であるとは申せ、次第に進む身体の衰えを考慮する時、これまでのように、全身全霊をもって象徴の務めを果たしていくことが、難しくなるのではないかと案じています。

私が天皇の位についてから、ほぼ28年、この間《かん》私は、我が国における多くの喜びの時、また悲しみの時を、人々と共に過ごして来ました。私はこれまで天皇の務めとして、何よりもまず国民の安寧と幸せを祈ることを大切に考えて来ましたが、同時に事にあたっては、時として人々の傍らに立ち、その声に耳を傾け、思いに寄り添うことも大切なことと考えて来ました。天皇が象徴であると共に、国民統合の象徴としての役割を果たすためには、天皇が国民に、天皇という象徴の立場への理解を求めると共に、天皇もまた、自らのありように深く心し、国民に対する理解を深め、常に国民と共にある自覚を自らの内に育てる必要を感じて来ました。こうした意味において、日本の各地、とりわけ遠隔の地や島々への旅も、私は天皇の象徴的行為として、大切なものと感じて来ました。皇太子の時代も含め、これまで私が皇后と共に行《おこな》って来たほぼ全国に及ぶ旅は、国内のどこにおいても、その地域を愛し、その共同体を地道に支える市井《しせい》の人々のあることを私に認識させ、私がこの認識をもって、天皇として大切な、国民を思い、国民のために祈るという務めを、人々への深い信頼と敬愛をもってなし得たことは、幸せなことでした。

天皇の高齢化に伴う対処の仕方が、国事行為や、その象徴としての行為を限りなく縮小していくことには、無理があろうと思われます。また、天皇が未成年であったり、重病などによりその機能を果たし得なくなった場合には、天皇の行為を代行する摂政を置くことも考えられます。しかし、この場合も、天皇が十分にその立場に求められる務めを果たせぬまま、生涯の終わりに至るまで天皇であり続けることに変わりはありません。

天皇が健康を損ない、深刻な状態に立ち至った場合、これまでにも見られたように、社会が停滞し、国民の暮らしにも様々な影響が及ぶことが懸念されます。更にこれまでの皇室のしきたりとして、天皇の終焉に当たっては、重い殯《もがり》の行事が連日ほぼ2ヶ月にわたって続き、その後喪儀《そうぎ》に関連する行事が、1年間続きます。その様々な行事と、新時代に関わる諸行事が同時に進行することから、行事に関わる人々、とりわけ残される家族は、非常に厳しい状況下に置かれざるを得ません。こうした事態を避けることは出来ないものだろうかとの思いが、胸に去来することもあります。

始めにも述べましたように、憲法の下《もと》、天皇は国政に関する権能を有しません。そうした中で、このたび我が国の長い天皇の歴史を改めて振り返りつつ、これからも皇室がどのような時にも国民と共にあり、相たずさえてこの国の未来を築いていけるよう、そして象徴天皇の務めが常に途切れることなく、安定的に続いていくことをひとえに念じ、ここに私の気持ちをお話しいたしました。

国民の理解を得られることを、切に願っています。

# 元号・西暦対照表

| 尊号 | | |
|---|---|---|
| 神武 | 成務 | 武烈 |
| 綏靖 | 仲哀 | 継体 |
| 安寧 | 応神 | 安閑 |
| 懿徳 | 仁徳 | 宣化 |
| 孝昭 | 履中 | 欽明 |
| 孝安 | 反正 | 敏達 |
| 孝霊 | 允恭 | 用明 |
| 孝元 | 安康 | 崇峻 |
| 開化 | 雄略 | 推古 |
| 崇神 | 清寧 | 舒明 |
| 垂仁 | 顕宗 | 皇極 |
| 景行 | 仁賢 | |

| 元号 | 西暦 | 尊号 |
|---|---|---|
| 大化 | 645 | 孝徳 |
| 白雉 | 650 | |
| | | 斉明 |
| | | 天智 |
| | | 弘文 |
| | | 天武 |
| 朱鳥 | 686 | 持統 |
| 大宝 | 701 | 文武 |

| 元号 | 西暦 | 尊号 |
|---|---|---|
| 元慶 | 877 | 陽成 |
| 仁和 | 885 | 光孝 |
| 寛平 | 889 | 宇多 |
| 昌泰 | 898 | 醍醐 |
| 延喜 | 901 | |
| 延長 | 923 | |
| 承平 | 931 | 朱雀 |
| 天慶 | 938 | |
| 天暦 | 947 | 村上 |
| 天徳 | 957 | |
| 応和 | 961 | |
| 康保 | 964 | |
| 安和 | 968 | 冷泉 |
| 天禄 | 970 | 円融 |
| 天延 | 973 | |
| 貞元 | 976 | |
| 天元 | 978 | |
| 永観 | 983 | |
| 寛和 | 985 | 花山 |
| 永延 | 987 | 一条 |
| 永祚 | 989 | |
| 正暦 | 990 | |

| 元号 | 西暦 | 尊号 |
|---|---|---|
| 承徳 | 1097 | |
| 康和 | 1099 | |
| 長治 | 1104 | |
| 嘉承 | 1106 | |
| 天仁 | 1108 | 鳥羽 |
| 天永 | 1110 | |
| 永久 | 1113 | |
| 元永 | 1118 | |
| 保安 | 1120 | |
| 天治 | 1124 | 崇徳 |
| 大治 | 1126 | |
| 天承 | 1131 | |
| 長承 | 1132 | |
| 保延 | 1135 | |
| 永治 | 1141 | 近衛 |
| 康治 | 1142 | |
| 天養 | 1144 | |
| 久安 | 1145 | |
| 仁平 | 1151 | |
| 久寿 | 1154 | |
| 保元 | 1156 | 後白河 |
| 平治 | 1159 | 二条 |

| 元号 | 西暦 | 尊号 |
|---|---|---|
| 元仁 | 1224 | |
| 嘉禄 | 1225 | |
| 安貞 | 1227 | |
| 寛喜 | 1229 | |
| 貞永 | 1232 | 四条 |
| 天福 | 1233 | |
| 文暦 | 1234 | |
| 嘉禎 | 1235 | |
| 暦仁 | 1238 | |
| 延応 | 1239 | |
| 仁治 | 1240 | |
| 寛元 | 1243 | 後嵯峨 |
| 宝治 | 1247 | 後深草 |
| 建長 | 1249 | |
| 康元 | 1256 | |
| 正嘉 | 1257 | |
| 正元 | 1259 | 亀山 |
| 文応 | 1260 | |
| 弘長 | 1261 | |
| 文永 | 1264 | |
| 建治 | 1275 | 後宇多 |
| 弘安 | 1278 | |

| 元号 | 西暦 | 尊号 |
|---|---|---|
| 弘和 | 1381 | |
| 元中 | 1384 | 後亀山 |
| 明徳 | 1390 | 後小松 |
| 応永 | 1394 | 称光 |
| 正長 | 1428 | 後花園 |
| 永享 | 1429 | |
| 嘉吉 | 1441 | |
| 文安 | 1444 | |
| 宝徳 | 1449 | |
| 享徳 | 1452 | |
| 康正 | 1455 | |
| 長禄 | 1457 | |
| 寛正 | 1460 | |
| 文正 | 1466 | 後土御門 |
| 応仁 | 1467 | |
| 文明 | 1469 | |
| 長享 | 1487 | |
| 延徳 | 1489 | |
| 明応 | 1492 | |
| 文亀 | 1501 | 後柏原 |
| 永正 | 1504 | |
| 大永 | 1521 | |

| 元号 | 西暦 | 尊号 |
|---|---|---|
| 元文 | 1736 | 桜町 |
| 寛保 | 1741 | |
| 延享 | 1744 | |
| 寛延 | 1748 | 桃園 |
| 宝暦 | 1751 | |
| 明和 | 1764 | 後桜町 |
| 安永 | 1772 | 後桃園 |
| 天明 | 1781 | 光格 |
| 寛政 | 1789 | |
| 享和 | 1801 | |
| 文化 | 1804 | |
| 文政 | 1818 | 仁孝 |
| 天保 | 1830 | |
| 弘化 | 1844 | |
| 嘉永 | 1848 | 孝明 |
| 安政 | 1854 | |
| 万延 | 1860 | |
| 文久 | 1861 | |
| 元治 | 1864 | |
| 慶応 | 1865 | |
| 明治 | 1868 | 明治 |
| 大正 | 1912 | 大正 |